Research on the Theory and Practice of
Sports Serving Rural Revitalization

体育服务乡村振兴的理论与实践探索

娄 旭 ◎ 著

中国科学技术大学出版社

内 容 简 介

"体育强则中国强,国运兴则体育兴。"本书围绕体育如何助力服务乡村振兴这一主题,通过文献资料和实证调查分析,阐述了体育在乡村振兴进程中所具有的独特价值与功能,提出体育服务乡村振兴的理论机制、方法路径及相关策略,最终形成体育服务乡村振兴的模式,为实现乡村振兴提供有益的理论参考和实践指导。本书可供政府管理部门,文化、旅游、体育行业部门,乡镇基层管理部门,高等学校等相关人员参考阅读。

图书在版编目(CIP)数据

体育服务乡村振兴的理论与实践探索/娄旭著. —合肥:中国科学技术大学出版社,2023.5
ISBN 978-7-312-05665-9

Ⅰ. 体⋯ Ⅱ. 娄⋯ Ⅲ. 体育产业—作用—农村—社会主义建设—研究—中国 Ⅳ. F320.3

中国国家版本馆 CIP 数据核字(2023)第 075389 号

体育服务乡村振兴的理论与实践探索
TIYU FUWU XIANGCUN ZHENXING DE LILUN YU SHIJIAN TANSUO

出版	中国科学技术大学出版社
	安徽省合肥市金寨路 96 号,230026
	http://press.ustc.edu.cn
	https://zgkxjsdxcbs.tmall.com
印刷	合肥华苑印刷包装有限公司
发行	中国科学技术大学出版社
开本	710 mm×1000 mm 1/16
印张	8
字数	159 千
版次	2023 年 5 月第 1 版
印次	2023 年 5 月第 1 次印刷
定价	39.00 元

前　　言

党的十九大提出实施乡村振兴战略,党的二十大提出全面推进乡村振兴,这是关系全面建设社会主义现代化国家的全局性、历史性任务,是新时代"三农"工作的总抓手。中国特色社会主义进入新时代,我国社会的主要矛盾已经转化为人民日益增长的美好生活需要和不平衡不充分的发展之间的矛盾,特别是在乡村有着明显的体现。面对乡村的实际情况,在建设社会主义现代化强国的进程中,为了实现农业、农村又好又快的发展,实施乡村振兴战略意义重大。

乡村振兴是实现中华民族伟大复兴的一项重要任务。习近平总书记围绕着"建设怎样的乡村""怎样建设乡村"等一系列重大理论和实践问题,多次发表重要讲话,深刻论述了乡村振兴的重大意义。只有通过不断努力和探索才能实现乡村振兴,才能实现农业强、农村美、农民富,才能实现中国强、中国美、人民富。这个目标需要全社会协同配合、全力以赴才能实现,其中就包括了体育。

体育发展与社会发展一脉相承,在人类社会进步的发展历程中具有重要的作用与价值。新中国成立以来,中国共产党带领全国人民经过了艰苦卓绝的不懈奋斗,迎来了从站起来、富起来到强起来的伟大飞跃。体育与社会的关系,从根本上看,就是在社会发展的大局中,体育同经济、文化、政治、习俗等一系列社会组成因素协同发展。体育能够有效提高人民群众的身心健康水平和各方面的素质,促进精神文明和物质文明建设,实现经济社会快速发展。同时,体育精神在弘扬中华优秀传统文化等多个方面,有着不可替代的重要作用。中国体育始终与人类的进步、社会的发展紧密相连,为中华民族的发展作出了贡献。如今迈入新时代,体育在乡村振兴的伟大事业中也应发挥自身的作用和价值。

全面推进乡村振兴是一篇大文章,关系全局,需要系统协调推进。体育作为社会发展的重要一环,在乡村振兴中不可缺位。2022年,农业农村部、国家体育总局、国家乡村振兴局印发了《关于推进"十四五"农民体育高质量发展的指导意见》,对做好"十四五"时期的农民体育工作提出了新的要求,为体育服务乡村振兴创造了新的机遇。

"体育强则中国强,国运兴则体育兴。"体育既是国家强盛的应有之义,也是人民健康幸福生活的重要组成部分。乡村振兴战略的实施,既是实现国家强盛的具体举措,也是实现广大农村群众幸福健康生活的有效途径。乡村振兴战略的实施,不仅离不开广大农民的积极参与,也离不开农民身体素质的增强和乡村体育事业的高质量发展。

在体育服务乡村振兴的过程中,利用体育活动丰富乡村生活,使农民群众树立健康健身意识。随着体育活动的日益多样化,农民群众逐渐养成了更加健康的生活习惯,并且通过参与体育活动实现了美好生活的愿景,他们以阳光积极的心态和昂扬饱满的状态,为乡村振兴努力奋斗,为建设美丽乡村贡献一份力量。从经济发展的角度来看,体育的产业功能蕴含着巨大的潜能,能为农村社会的经济增长发挥自身的优势与价值。同时,我们也要正视体育服务乡村振兴的短板。目前,乡村对体育的观念和认知还停留在较低的层面,甚至对体育的态度仍有偏差,如将田间农活等同于体育活动,认为乡村没有体育产业的市场,参与体育活动是少数人的事情等。诸如此类的问题影响着体育对乡村振兴事业的促进与服务。由此可见,体育服务乡村振兴虽然有极其丰富的现实作用和价值,但是仍然面临着挑战。

全面实施乡村振兴战略的深度、广度、难度都不亚于脱贫攻坚，必须加强顶层设计，以更有力的举措汇聚更强大的力量。为进一步凝聚思想共识，提升体育助力乡村振兴的作用，促进体育服务乡村振兴政策体系、工作体系和制度体系的不断完善，深刻认识、全面理解、准确把握体育服务乡村振兴所面临的一系列理论及实践问题是非常必要的。

基于此，本书在撰写过程中遵循以下三项原则：第一，运用新时代新发展理念，从乡村振兴、体育强国等方面探索体育服务乡村振兴的价值与功能。第二，从空间和时间两个方面对体育服务乡村振兴展开分析。在空间维度，以皖北地区农村为代表，展开体育服务乡村振兴的具体讨论。在时间维度，回顾脱贫攻坚以来体育在乡村建设的过程中所发挥的作用和价值，再向前展望，对体育服务乡村振兴的相关理论机制进行探索。第三，综合分析与体育服务乡村振兴有关的体制和机制，认真思考组织结构、实施框架、具体措施，并分析面临的机遇与挑战。

遵照上述原则，本书从体育服务乡村振兴的理论机制、条件分析、实践探索等方面入手，对体育服务乡村振兴的实施策略展开讨论。本书旨在对体育服务乡村振兴的战略定位、价值与作用、优势与挑战以及实践路径等方面，进行系统深入的探究与论述。希望本书能为有志于研究体育服务乡村振兴的专家、学者提供参考和启示，为体育服务乡村振兴提供一个全新的视角，从体育功能与价值的角度为建设中国式现代化乡村贡献中国体育的一份力量。

目 录

前言 ……………………………………………………………………（ⅰ）

第一章　乡村振兴的时代意义 ……………………………………（ 1 ）
　　第一节　乡村振兴的有关概念 ……………………………………（ 2 ）
　　第二节　乡村振兴战略提出的背景 ………………………………（ 7 ）
　　第三节　实施乡村振兴战略的意义及内涵 ………………………（ 10 ）

第二章　体育服务乡村振兴的理论机制 …………………………（ 12 ）
　　第一节　乡村振兴进程中体育的价值 ……………………………（ 12 ）
　　第二节　"需要"是体育服务乡村振兴的根本动力 ………………（ 14 ）
　　第三节　"创新"是体育服务乡村振兴的价值体现 ………………（ 22 ）
　　第四节　"需要"和"创新"是体育服务乡村振兴的逻辑起点 ……（ 25 ）

第三章　体育服务乡村振兴的条件分析 …………………………（ 30 ）
　　第一节　体育服务乡村振兴的制度条件 …………………………（ 30 ）
　　第二节　体育服务乡村振兴的经济条件 …………………………（ 33 ）
　　第三节　体育服务乡村振兴的文化条件 …………………………（ 35 ）

第四章　体育服务乡村教育与健康的实践探索 …………………（ 41 ）
　　第一节　农村小学体育实践 ………………………………………（ 41 ）
　　第二节　农村老年体育实践 ………………………………………（ 48 ）
　　第三节　体育院校服务农村老年体育教育的探索 ………………（ 55 ）
　　第四节　体育对农村老年人慢性病预防和康复的作用 …………（ 64 ）

第五章　体育服务乡村建设的实践探索 ……………………（68）
　第一节　乡村振兴中体育功能的主要体现 …………………（68）
　第二节　体育院校服务乡村振兴 ……………………………（75）
　第三节　体育设施和场馆促进乡村振兴 ……………………（80）
　第四节　传统体育文化在乡村振兴中的现实意义 …………（89）

第六章　体育服务乡村振兴的机遇和挑战 …………………（96）
　第一节　体育服务乡村振兴的机遇 …………………………（96）
　第二节　体育服务乡村振兴的挑战 …………………………（101）

第七章　体育服务乡村振兴的运行策略 ……………………（104）
　第一节　依据法规政策实施体育服务乡村振兴 ……………（105）
　第二节　对体育服务乡村振兴有效运行的思考 ……………（107）
　第三节　体育服务乡村振兴的运行策略 ……………………（109）

参考文献 ………………………………………………………（112）

后记 ……………………………………………………………（116）

第一章　乡村振兴的时代意义

要准确探讨体育服务乡村振兴的理论机制及其在实践运行中所发挥的作用和实现乡村振兴的路径,首先应清楚地认识到乡村振兴所具有的深刻时代意义:乡村振兴是新时代关于农业、农村、农民发展的重要战略部署。农业、农村、农民是中国时代发展和历史嬗变中的重要组成部分。中国是世界上农业出现较早、农业发达的国家之一,有关神农氏的传说中就有对原始农业的记载。农业、农村、农民这个被现代研究称为"三农"的问题,一直是中国历史发展中关系国计民生的根本问题。

中国古代社会以农为本,农业是天下的根本,是社会经济的基础。历史悠久的中国在近代之初仍然以家庭为最基本的单位组成经营主体,以个体小农生产为主,整个中国社会的农业人口和农业产值占总人口和工农总产值的比重均超过了80%,始终处于以农业为主的阶段。自1840年鸦片战争开始,列强冲击着古老封建中国的根基,中国社会动荡不安,进入了黑暗的苦难时期。

伟大的中国共产党团结带领全国各族人民,经过长期革命斗争,建立了人民当家作主的中华人民共和国,实现了民族独立解放。新中国成立以来,党和国家高度重视"三农"工作。在改革开放初期,中共中央自1982年开始发布以"三农"工作为主题的中央"一号文件",对农业农村改革发展作出具体部署。党中央始终将"三农"问题摆在中国社会主义现代化建设发展过程中最重要和突出的地位。2017年党的十九大作出了一个重大战略判断:我国社会的主要矛盾已经转化为人民日益增长的美好生活需要和不平衡不充分的发展之间的矛盾。2018年印发的《关于实施乡村振兴战略的意见》指出,实施乡村振兴战略,是党的十九大作出的重大决策部署,是决胜全面建成小康社会、全面建设社会主义现代化国家的重大历史任务,是新时代"三农"工作的总抓手。2021年2月21日,《中共中央　国务院关于全面推进乡村振兴加快农业农村现代化的意见》,即2021年中央"一号文件"发布,指出民族要复兴,乡村必振兴。要坚持把解决好"三农"问题作为全党工作的重中之重,把全面推进乡村振兴作为实现中华民族伟大复兴的一项重大任务,举全党、全社会之力加快农业农村现代化,让广大农民过上更加美好的生活。2022年2月22日,《中共中央 国务院关于做好2022年全面推进乡村振兴重点工作的意见》,即2022年中央"一号文件"发布。这是21世纪以来第十九个指导"三农"工作的中央"一号文件"。该文件指出,要牢牢守住保障国家粮食安全和不发生规模性返贫两条底线,突出年度性任务、针对性举措、实效性导向,充分发挥农村基层党组织的领导作用,扎实有序地做好乡村发展、乡村建设、乡村治理重点工作,推动乡村振兴取得新进展、农业农村现代化迈出新步伐。2022年党的二十大围绕"三农"工作对全面推进乡村振兴作出了重要而具体的部署和要求。

不难看出,实施乡村振兴战略,加快推进农业农村现代化是农村加速发展的历史必然选择。乡村振兴战略围绕着产业兴旺、生态宜居、乡风文明、治理有效、生活富裕的总要求,围绕着城乡融合发展的思路,对新时代"三农"工作的体制机制和政策体系进行了不断的优化。如今,我国已进入第二个百年奋斗的新征程,"三农"工作的重心将转向全面推进乡村振兴。我们要全面理解乡村振兴的重要意义和内涵,全面统筹推进农村经济建设、政治建设、文化建设、社会建设、生态文明建设和党的建设,加强对乡村治理体系和治理能力现代化的建设,加快推进农业农村现代化。通过推动农业全面升级、农村全面进步、农民全面发展,将农业打造成最具活力的产业,把农村建设成宜居宜业的美丽家园,让农民成为更加幸福快乐的群体。

第一节　乡村振兴的有关概念

党的十九大提出乡村振兴战略,为了实现这一宏伟蓝图,全社会都在积极探索。体育是国家强盛、民族复兴的重要事业,其在乡村振兴建设中必将大有所为。为了更好地发挥体育服务乡村振兴的作用,达到理想效果,首先要清楚准确地认识乡村振兴涉及的有关概念。

一、乡村的概念

一般来说,乡村一词是相对于城市而言的,从现有研究来看,基于不同角度,对乡村的概念会产生不同的理解与认知。就目前的研究而言,乡村的概念仍然是非常抽象且不断变化的。随着乡村发展研究的深入,逐渐形成了乡村准确而全面的定义,下面对现有关于乡村概念的研究进行综述。

（一）乡和村的起源

"乡村"与"乡""村"具有发生学上的密切联系，乡村的定义与乡村的起源问题联系在一起，而乡村的起源则与"乡""村"的起源密不可分。"乡"，古文写作"鄉"，与"向""享""饗"等通用，意为"两人相对而坐，共食一簋"，本意并无划地而居之意，而是指众人共享之状。根据当时宗法奴隶社会的性质，这些共享之人是指统治宗族的成员，也就是说，"乡"字最初的含义是族人"共祭共享"，至西周起，"乡"开始具有地域的含义，此后历朝历代，尽管乡的人数、管辖区有变化，但基本功能都已经固定了。

"村"最早出现在东汉中期，在秦汉以前没有"村"这种说法，但有村的原形"邨"，其基本含义为野外的聚落，后来的"村"也基本承袭了这一意义。"村"的早期形态名称各异，具有代表性的有"庐""丘""聚"等。自东汉中期开始，"村"字已明确存在并被运用。

"乡"为野域，"村"为聚落，但因乡、村均为县以下的地方基层组织，因此我国古代常将乡、村二字连用，"乡村"亦作"乡邨"，用以指代城以外的区域。

（二）如何理解乡村

从理论层面来看，一般认为乡村是城市外的区域，但乡村与城市两者之间的边界是渐变或交错的，城市和乡村之间并没有明显的标志线，这种标志线不仅仅是地理学中的意思，还包含社会学的意思，比如生活的习惯、社会交往的习惯、语言的表达等。由于城乡界限模糊，人们对乡村的定义并未达成统一意见。总体来说，国内外学界目前对"乡村"概念的理解主要围绕以下几个方面。

第一，从社会文化的视角来看，一般把乡村当作一种社会文化构成系统，乡村区域人口密度较低，城市区域人口密度较高，在乡村和城市两个区域中的居民存在价值观、行为和文化上的差异。从整体性上看，乡村既是传统文化的发源地，也是传承、发展传统文化的根源地，这就体现出乡村是传统文化的发源地与传播的区域。从这个角度而言，乡村在传统文化传播与发展中具有唯一性，但是在不同的地理环境中形成的文化习俗又各有不同，体现出传统文化的多样性。总体而言，乡村社会生活以族群大家庭为中心，人们的家族观念、血缘观念比城市更重，且社会文化以乡村农耕文化为主，这是与城市社会文化有着明显区别的地方。

第二，从产业视角来看，乡村地区以第一产业，特别是农业和林业为主，经济活动较为简单，因此在日常用语中人们习惯将"乡村"等同于"农村"。然而，近年来乡村的生产结构发生了变化，由于外出务工的人数增多，使得乡村劳动力外移趋势明显。与农业相比，乡村工业发展要快于农业发展，农业份额相对较低,农业劳动力占乡村劳动力的比例持续下降,不少乡村地区非农产业产值比例和劳动力就业比例已超过农业。多种规模的农工商联合企业和小规模的兼业农业并行发展,林业逐步成为保护性产业和其他方向的产业,传统乡村地区以农业和林业为主的格局正在发生着改变。此外,从区域特点来看,乡村与农村具有很强的重合度,乡村地区的绝大部分是农村地区。事实上,以农村为主体的乡村同真正意义上的乡村是有区别的。从两者的范围来看,乡村的范围要比农村的范围大,所谓乡村,是指由乡(镇)与村两个部分构成的社会生活范围。从属性对象来看,乡村与城市之间是以社会活动方式的区域差别作为区分的,农村与城市之间是以产业布局的区域差别作为区分的。

第三,从城市与乡村的比较来进行分析,主要是从城市与乡村之间的人口分布、空间规划、土地利用特征、相对隔离程度等生态环境与景观差异等方面进行观察分析,将乡村界定为土地利用方式为粗放、郊外空间开阔、聚居规模较小的地区。这一定义将乡村界定为一个特定的空间地域单元,既包括乡村居民点,又包括居民点所管辖的周围地区。该视角下的乡村定义最接近于大多数人们对乡村的理解。

(三) 乡村的定义

体育服务乡村振兴的研究涉及"体育""乡村""振兴"这三个关键词。为什么是"乡村振兴"而不是"农村振兴"?首先对这个问题进行阐述。在我国古代,"乡村"称谓居多,但近代"农村"一词的使用更为普遍。如我国一直重视的"三农"问题,即为农业、农村、农民,行政机构的名称为"农业部""农业农村部";在表述产业经济时,常称为"农业经济";在地理学研究中亦为"农业地理"等。

"乡村"与"农村"两词混用,一方面是因为"乡村"一词历史悠久,另一方面是因为我国为农业大国,农业是乡村地区的主导产业,因此"农村"就是"乡村"。但鉴于农业是产业概念,农业无法涵盖农村地区农业之外的产业,且随着"农村"的发展,其产业结构更加多样化。我国历史上"乡"的范围为"城外之野",具有"地域"的含义,从词语结构和内涵来看,"乡村"一词与"城市"的对应性更好,因此相比"农村","乡村"一词更为科学,并与国际上普遍使用的"rural"的意义更为接近。

对于"乡村"的定义,《辞源》中的解释是:主要从事农业、人口分布较城镇分散的地方。国外对于乡村概念的研究具有代表性的观点为:乡村人口稀少、比较隔绝、以农业生产为主要经济基础、人们生活基本相似,与社会其他部分,特别是城市有所不同。乡村与城市之间划分标准的差异程度也很大,如德国和法国规定人口在2000人以下的居民点为乡村,而美国和墨西哥等国的划分标准为2500人以下。在这方面的研究中,我国一般将常住人口为2500人以下、非农业人口超过30%的居民点称为乡村。我国目前仅有的几部乡村地理学著作均未对"乡村"进行定义,综合国内外学者对乡村的理解和乡村地区的发展趋势,我国学者对乡村作了如下定义:乡村是以农业经济为主,社会结构相对简单、稳定,以人口密度低的集镇、村庄为聚落形态的地域总称。根据乡村是否具有行政含义,可分为自然村和行政村。

乡村作为一个区域的概念,因受时空变化的影响而具有不同的内涵。面对乡村振兴这个新的任务,应该对其中所指的"乡村"的概念从历史发展的视角去思考,如将古代和近代相比较,同样的乡村在不同的历史时期都有着不同的面貌和特征。近代以来,在实现中国式现代化的发展历程中,乡村发展落后,这不仅受到当时我国选择的经济发展道路的影响,也与当时的管理阶层和社会对"乡村"和"乡村建设"的认识有着密不可分的关系。

乡村振兴中的"乡村"是通过对当代中国乡村的现状进行综合考量,得到的一个进展式的概念。乡村振兴是指以当下乡村作为基础进行乡村建设与改造,最终实现振兴的目标。人们对于"乡村""农村""乡村建设""农业发展"这些概念的理解,长期以来都是比较模糊的。这是非常值得关注的,必须将乡村振兴同社会发展建设统一在一个维度中思考,如果不这样思考,那么乡村振兴只会是政府推动农村发展的一项具体任务而已,这将会大大影响乡村振兴的实效。

因此,应对乡村振兴中的"乡村"进一步定义。首先从地理概念来看,乡村同城市一样,同属一个国家区域组成的两大部分,是相对应的概念。从功能来看,乡村具有生产、生活、生态和文化等多重功能,但这些功能又具有明显的乡村特点,同城市的功能有所区别。2021年出台的《中华人民共和国乡村振兴促进法》(下文简称《乡村振兴促进法》)对乡村进行了明确的定义:城市建成区以外具有自然、社会、经济特征和生产、生活、生态、文化等多重功能的地域综合体,包括乡镇和村庄等。这是我国第一次在法律中规定乡村的概念。

《乡村振兴促进法》对"乡村"的概念进行了界定,具有重要的实践价值。只有清楚地表述乡村的概念,在此基础上才能全面地展开对乡村价值功能的探索,进而让全社会关心、理解、支持乡村建设。同时,在乡村振兴的过程中,落实城乡融合发展的具体举措,如在经济、文化、思想等各个方面做好精确的政策设计,保障有效对接,促进乡村发展。目前,由于多年以来我国乡村发展相对滞后,在乡村发展的政策制度方面仍有许多不足之处。只有先明确乡村的概念,然后对应概念中所涵盖的内容,细化具体思路和明确发展路径,方能有效推动乡村振兴的发展。

二、振兴的概念

在对"乡村"的概念进行描述之后,紧接着对"振兴"的概念进行简要的梳理。《祭欧阳少师文》中写道:"爱养人材,奖成诱掖,甄拔寒素,振兴滞屈,以为己任。"《儒林公议》中写道:"范仲淹入参宰政,富弼继秉枢轴。二人以天下之务为己任,谓朝政因循日久,庶事隳敝,志欲划旧谋新,振兴时治,其气锐不可折。"《答廉宪王凤洲书》中写道:"幸主德明,百司奉职,颓纲坠纪,渐次振兴。"《江西吉南赣道副使方君墓志铭》中写道:"君所至以振兴学校为务。"《彷徨·高老夫子》中写道:"兄弟以为振兴女学是顺应世界的潮流。"从这些记载中,对于振兴的概念可以归纳为如下意义:其一为举拔之义,其二为整顿恢复之义,其三为发展、兴盛之义。现代振兴的含义主要是奋起、奋发,从低谷走向高峰。

三、乡村振兴的概念

通过上文的内容,我们对于乡村和振兴的概念有了一定的了解和掌握。但是将乡村和振兴组合到一起,形成乡村振兴的概念,其有何特别的内涵,是我们必须要搞清楚的。

2021年,在生态文明贵阳国际论坛"乡村振兴与生态文明"主题论坛上,有专家学者表示,要避免用"农村"的概念进行乡村振兴,因为"农村"更多的是传统工业化的概念,而非生态文明的概念。可见,对于乡村振兴的概念,准确把握其内涵要义是极其重要的。

党的十九大提出的是"乡村振兴"而非"农村振兴"的概念,意义深刻。"农村"是一个非常传统的工业化概念,"农"对应的是"工",意味着"农村"只能从事农业,是农民劳作和居住的地方,也就是传统"三农"的概念。实际上,乡村的功能远不只是传统的"三农"范畴。"乡村"是一个空间概念,意味着乡村除了农业以外,还可以有大量其他功能,如生态服务、文化体育、教育、休闲、康养、观光体验等,可以催生大量新兴经济和非经济活动。实现乡村振兴,首先必须了解过去乡村发展相对缓慢的根本原因。工业革命后建立的传统工业化模式,以工业财富的生产和消费为中心,经济发展被认为是一个工业化、城镇化、农业现代化的过程。农村在传统发展模式中一直处于从属地位,即为工业和城市提供农产品、劳动力、原材料。在农村经济发展的过程中,大量农业劳动力转移到城市从事工业,同时传统生态农业通过工业化逐步改造成了化学农业。

这种以工业物质财富为导向的发展理念,以及以城市和工业为中心的农村概念,大大限制了乡村的发展空间。如何搞活乡村发展的空间与活动,首要的问题是探究导致这一事实背后的主要原因:第一是经过长时间的乡村发展,传统工业化模式已经不再能够适应新的发展环境与要求,必须要以生态、绿色、文明的模式推动乡村工业发展。第二是长期以来在传统工业化思维的影响下,乡村发展理念落后、思维固化,导致乡村发展的活动不足,几乎处于停滞状态,应迅速打破传统滞后思想的壁垒,将信息化、生态理念等先进思想和科学的技术方式融入乡村发展,这样才能有效激活乡村发展的活力,高质量推进乡村振兴。

中国一直是一个有传统特色的农业大国,这既是中国社会的底色,也是中国传统文化的本质属性之一。新时代在实现中国式现代化的征程中,乡村振兴是中华民族伟大复兴中国梦的具体组成部分,其重要性不言而喻,对于全面实现社会主义现代化强国意义深远。中国作为农业大国,农村人口众多,农业、农村、农民问题是影响着国计民生的根本性问题,解决好"三农"问题是实施乡村振兴战略的应有目标之一。如何做好乡村振兴?有一点是必须始终坚持的,即要完全按照产业兴旺、生态宜居、乡风文明、治理有效、生活富裕的总要求,全面落实关于"三农"问题和乡村振兴的政策措施。以高质量发展的思维制定乡村振兴发展的机制体制,以党的建设统领农村经济、政治、文化、社会、生态文明的建设,将推进乡村治理体系和治理能力现代化作为加快推进农业农村现代化的关键环节,探索出一条具有中国特色的社会主义乡村振兴发展道路。

第二节 乡村振兴战略提出的背景

一、乡村兴衰交替的历史缩影

在人类的发展进程中,"振兴"与"衰落"作为两种社会状态不断地交替出现,推动着社会的变革与前进。"振兴"与"衰落"是一个整体的两个方面,有兴则有衰,无衰亦无兴,二者既具有统一性又具有矛盾性。在这样的兴衰变化中,形成了一股推动历史发展和社会前进的力量。

从中国的历史来看,在漫长的封建社会中,乡村发展经历了无数次"兴"与"衰"的交替。在此,对中国历史发展中乡村发展的"兴""衰"各举一例。以唐宋时期的兴盛为例,唐宋时期中国封建社会进入黄金时代,以农民自给自足的自然经济为特征的经济生活稳定富足,以血缘纽带为基础的乡绅治理结构日趋完善,以孔孟之道和程朱理学为价值的社会思想深入人心。从经济、政治、文化三个方面来看,中国乡土社会在这一时期的发展达到了鼎盛。以元明清时期的衰落为例,元朝时期游牧军事统治方式对中国封建传统农耕社会产生了前所未有的破坏。进入明朝之后,专制集权走向极端,进一步制约了中国乡村社会发展的活力。直至中国封建社会末代的清朝,黑暗的统治彻底使中国乡土社会分崩离析。1840年,鸦片战争彻底打破了中国封建统治的根基,西方列强的侵略使中国社会进入了半殖民地半封建时期。"苍黄的天底下,远近横着几个萧索的荒村,没有一些活气",这是鲁迅先生在《故乡》中写的一句话,这正是中国近代乡村的真实写照。

从全球人类发展史分析,由于城市化与工业化的发展,乡村衰落是一个全球都无法回避的问题。英国工业革命的确在推动人类发展和社会进步中发挥着作用,并且英国也因此迅速发展,国力得到了大大的提升,但不能否认的是,这样的发展是以牺牲广大农民的利益为代价而获得的。拉丁美洲以过度城市化和超前城市化的方式导致了乡村衰落。拉丁美洲国家在独立后,其城市化的速度明显超过工业化的速度,有些地方还出现了没有工业化的城市发展之路。由于对于乡村发展采取放任随意的态度,使得农民无法在乡村生活,大多数农民涌入了城市,又因为城市发展与人口激增之间的矛盾,使得失业人口大量增多,人民生活水平下降,并且从乡村进入城市的这部分人群又因缺少生活发展的条件,最终为社会留下了巨大的潜在不稳定因素。极少数富人所拥有的财富和抢占的社会资源,滋生了各种社会弊端,而大量贫民的生活无法得到保障,甚至连最基本的生活保障都无法满足。

二、新中国成立以来农业发展的成就

新中国成立以来,我国农村发生了巨大的变化,先后经历了开展土地改革、实行家庭承包经营、统筹城乡发展、全面深化农村改革、全面推进乡村振兴、促进城乡融合发展等六个重要时期,经过不懈的努力,中国农业农村取得了显著的发展成绩。

新中国成立初期,我国通过建立集体经济制度开展了土地改革。1950年,中央人民政府委员会第八次会议通过了《土地改革法(草案)》,标志着土地改革全面展开,以改变土地关系为具体措施,没有任何土地保障的广大贫苦农民,都分到了能够用于农业生产的土地和必需的劳动工具。由此开始,新中国的农业生产水平得到了快速的提升。在完成了土地改革之后,中央人民政府颁布了《关于发展农业生产合作社的决议》,又开展了互助合作方式的农业生产合作社的建设,并逐步形成了"三级所有,队为基础"的农业发展格局,形成了新中国成立初期我国农村的基本经济制度。同时,农业水平的上升对新中国成立初期城市的建设与发展,也发挥了很重要的保障和支持作用。

进入改革开放时期,我国实行家庭承包责任制,大力发展农村经济。1978年,安徽省凤阳县小岗村18位农民按下了"包干保证书"的红手印,拉开了我国农村改革的序幕。自此,我国建立了以家庭承包经营为基础、统分结合的双层经营体制,极大地调动了农民的生产积极性。取消统购统销的农产品购销体制,工农产品价格关系得到了调整。乡镇企业异军突起,农业剩余劳动力加快转移，农业产业化经营应运而生，小城镇迅速发展，改变了我国城乡的经济格局，拓宽了农民的就业空间和增收渠道。

进入21世纪后，随着解决"三农"问题的整体思路的转变，在城市与乡村同步发展的进程中，国家对有关"三农"问题的制度政策进行了全面调整，体现出"多予、少取、放活"更加灵活开放的导向。并且，随着改革开放城市的迅速发展，提出并推动了以工业反哺农业、城市支持农村的新方向。全面取消农业税，对中国农业社会产生了深远影响，延续2600年的农业税正式退出了历史的舞台。国家连续出台印发了以"三农"为主题的中央"一号文件"，全面构建适应新时期"三农"工作新发展的制度框架体系，使得农业生产力迅速提升，农民收入不断增加，基础农村设施、公共服务和生态环境持续改善。

党的十八大之后，乡村发展活力日益高涨，在深入进行农村全面建设发展改革的同时，一批关于"三农"工作理论、实践、制度方面的研究成果脱颖而出，成为了农村发展建设的"四梁八柱"。例如，稳定农村基本经营制度并逐步完善丰富，持续做好农村承包地"三权分置"，深入探索农村宅基地、农村集体经营性建设用地和农村集体产权制度改革；深化农业供给侧结构性改革，加快推进农业现代化，提升农业质量效益和竞争力，改革重要的农产品收储制度，大力发展农村新产业、新业态。

党的十九大历史性地首次提出了乡村振兴战略，坚持以推动城乡融合为发展方向，进一步建设更加先进的乡村。乡村振兴战略的提出为中国乡村建设发展明确了方向，同时也明确了产业兴旺、生态宜居、乡风文明、治理有效、生活富裕的总要求。从这一刻起，我国乡村发展在经济、政治、文化、生态文明和党的建设等方面全方位地进入了新的阶段。

三、乡村振兴是民族复兴的重大任务

"三农"问题始终是中国发展最基本的问题，内嵌着党的初心与使命，其中很重要的一项使命就是为农民谋幸福。党的十一届三中全会后，在党中央的领导下，农村率先改革推动了城乡全面改革开放。进入新时代后，党中央坚持把解决好"三农"问题作为全党工作的重中之重，把实施乡村振兴战略作为新时代"三农"工作的总抓手，坚持农业农村优先发展，注重维护农民的利益，推动"三农"工作取得历史性成就、发生历史性变革。在实现第二个百年奋斗目标新征程中，全面推进乡村振兴成为"三农"工作的重心。

要实现中华民族伟大复兴，农业农村就必须要实现现代化，乡村振兴是农业农村现代化的必由之路。由此可见，在中华民族伟大复兴的新征程上，乡村振兴要作出自身应有的努力，中国要强农业必须强，中国要美农村必须美，中国要富农民必须富。如今，全面建设社会主义现代化国家，最艰巨、最繁重的任务依然在农村。因此,我们必须要正确认识乡村振兴在实现中国式现代化和实现中华民族伟大复兴过程中极其重要和不可替代的作用,以更有力的举措持续缩小城乡发展差距,让广大农民共享发展成果,逐步朝着实现共同富裕的目标前进,彰显社会主义制度的显著优势。

第三节 实施乡村振兴战略的意义及内涵

中国的乡村发展,从新中国成立初期的快速恢复发展到遭遇挫折,再到改革开放,经历了不同的发展阶段,每个阶段都让农村有了明显的变化。直到20世纪90年代,由于改革开放步伐不断向前,中国城乡之间发生了很大的转变,城市因为改革开放的红利发生了翻天覆地的变化,物质文明和精神文明实现了双丰收。青壮年农民流动到城市,形成了独具特色的打工浪潮,而农村社会却是另外一番相反的景象。中国的社会结构发生了深刻的变化,由于乡村的青壮年劳动力向城市流动,形成了空巢村、老人村、留守儿童村和贫困村……这已成为那个时期中国农村社会的真实写照,乡村发展相对缓慢是一个不争的客观事实。

党的十九大把乡村振兴战略与科教兴国战略、人才强国战略、创新驱动发展战略、区域协调发展战略、可持续发展战略、军民融合发展战略并列为发展的七大战略。七大战略是党的十九大为中国未来发展制定的整体战略发展体系,从中可以看出乡村振兴极其重要的位置和深远的意义。在这样一个具有全局性、长远性、前瞻性的战略体系中具有一席之地,也再次表明乡村振兴关系到中国式现代化乡村建设。农业关系着国家稳定,只有农业强盛才能国家强盛。因此,我们必须要不折不扣地完成乡村振兴的各项任务与要求,筑牢中国发展的乡村之基。

中国的乡村不实现振兴,中国就无法实现真正意义上的强大。今天的中国实现了小康社会,乡村的发展基础是历史上最好的,因此面对着中国发展的实际,提出乡村振兴战略恰逢其时。全面推进乡村振兴包括方方面面,从产业到生态,从文明到文化,从保障基本生活到幸福感获得缺一不可,这意味着实施乡村振兴要充分把握其中蕴含的深远意义,方能系统全面地统筹推进建设。对于乡村振兴战略的内涵,可以从以下五个方面来理解。

第一,从本质上看,乡村的发展是要让乡村具有乡村真实面貌,并且在恢复真实面貌的同时,不断提升乡村发展建设的水平,实现乡风更加文明、生态更加宜居、生活更加富裕。

第二,近代以来,中国由于落后而饱受列强欺侮,乡村社会更是发展缓慢,许多仁人志士对中国乡村建设发展的理想追求从未停止过。如乡村建设运动等,就是由晏阳初、梁漱溟、卢作孚等人发起的。但是由于当时积贫积弱的中国正受着外敌入侵,人民饱受战火摧残,又怎么可能有乡村建设发展的和平环境。这些爱国人士所有的思考和努力在悲惨的现实面前是毫无作用的,但是思想的力量和价值是巨大的,当时开展乡村教育以开民智,发展实业以振兴乡村经济,弘扬传统文化以建立乡村治理体系等思想,经历了从提出以来至今近百年的时代淬炼,终于在当代中国被赋予了强大生命力,在新时代、新征程中,这些思想是全面推动乡村振兴宝贵的思想源泉。

第三,新时代的乡村振兴要有创新的思路,要有多方资源统筹协调发展,要坚持绿色发展的理念,要坚持开放与共享。这样才能通过乡村振兴让农业发展发达、农村建设兴旺、农民生活富裕,并且在乡村振兴中要保留乡村乡愁,让生态环境、生产环境、生活环境与农业产业融合发展,让乡村的水更清、山更绿,让乡村发展展现出美丽且宜居宜业的现代化风采。

第四,中国传统文化是中华民族宝贵的精神与物质财富,是民族的根与魂,乡村振兴的重要意义就包括了传承、弘扬中华传统文化。对中国乡村的描述中有一个词叫乡土中国,从中华传统文化的角度去理解乡土中国就揭示了这样一个事实,几千年的中国农业社会孕育发展了中国传统文化,并使其更加璀璨。乡村是中国传统文化的发源地,实施乡村振兴必须要将文化传承贯穿其中,在继承弘扬中华优秀传统文化的同时,创造出更多更具新时代特征、更优秀的中国乡土文化。

第五,在乡村振兴发展的过程中,应处理好全面发展与粮食安全的关系。作为人口大国,中国的粮食安全是国家的生命线和安全线。乡村振兴要发展,在粮食安全方面需要注意两点:一是要通过乡村振兴把中国人的饭碗端得更牢,围绕着粮食丰产丰收,守护好耕地,谋划好乡村振兴的"粮文章";二是粮食安全是关系国家长治久安的重要内容,没有粮食安全的保障,就没有乡村振兴发展的稳定环境。如今,我们要进一步重视农业科技化、智慧化、生态化,在全面推进乡村振兴中牢牢守住粮食安全的底线。

第二章 体育服务乡村振兴的理论机制

第一节 乡村振兴进程中体育的价值

在探讨乡村振兴中体育的价值之前,首先要对体育的价值功能进行阐述。体育有悠久的历史,但是"体育"一词却出现得较晚,早在公元前2000年左右,中国人便已开始进行体育运动,但直到20世纪初才引用了"体育"这个词,并对体育的概念进行研究。

体育是伴随着人类文明发展而逐渐形成的一种社会文化,它是以身体活动为基本表现形式,促进人类身心健康的一项活动。在人类社会发展不断进步的同时,体育从最基本的促进人的身心健康全面发展,逐步丰富为在社会、经济、文化、生活、教育等多方面都有显著影响的一种有意识、有目的、有组织的社会活动。当前,体育既是一个国家形象和综合实力的展示,也是一个国家文明程度的体现,更是国家之间一种重要的交往方式。体育有许多种分类方式,可分为群众体育、竞技体育、学校体育,也可以分为城市体育、农村体育,还可以分为西方体育和中华民族体育等。构成体育的要素越来越多样化,主要包括文化、教育、经济、竞赛、设施、组织、科学技术等诸多要素。

从乡村振兴发展的角度思考体育的价值,可以看出无论是乡村振兴的产业发展、生态宜居、文化建设,还是农村人口的身心健康、教育发展、整体素质水平,都与体育有着密切的联系。为了厘清体育服务乡村振兴的理论机制,首先应对体育的价值展开讨论。

一、体育的一般价值

体育能满足人类生存、发展、享受等需求,体育的功能与人类和社会需求之间有密切的联系。按体育作用的对象划分,体育价值可以分为个体价值和群体价值;按体育作用的范围划分,体育价值可以分为生理价值、心理价值和社会价值。生理价值可表现为:通过体育达到强身健体的目的,促进身心健康发展;通过体育活动感受运动的快乐,以达到身心愉悦的目的;通过体育康复手段,达到防病治病的效果。心理价值可表现为:通过体育教育功能,培养正确的思想;通过体育美学的表达,体现出体育在精神美、心灵美中的促进作用;通过体育竞赛中体育精神的传递,提高道德水准,塑造更好的公序良俗。社会价值可表现为:通过体育产业和经济活动,提高社会经济水平;通过体育赛事,加强国际交往,促进国家之间的友好交流;通过军事体育活动的展开,提高整体军事素养;通过体育科学研究,提高多元化交叉学科的科学研究水平。

党的十八大以来,体育的功能和价值不断彰显,得到了进一步体现。体育是提高人民健康水平的重要途径,是满足人民群众对美好生活向往、促进个体全面发展的重要手段,是促进经济社会发展的重要动力,是展示国家文化软实力的重要平台。"四个重要"从物质到精神,从个人到国家,对体育进行了精准定位。体育不仅能强身健体、愉悦身心,更能争金夺银、振奋国民精神,所以我们要从国家富强、民族振兴、人民幸福、人类文明进步的高度,认识体育在现代社会发展中的重要作用。

二、体育价值的主要表现

(一) 体育是保障人类身心健康的有效活动方式

"发展体育运动,增强人民体质"是我国体育工作的根本方针和任务。体育运动是为了让人民群众通过锻炼,达到增强体质、促进身心健康的目的。人民身心健康是全面建成社会主义现代化国家、人类实现幸福生活的重要基础。只有体格强健、身心健康,才具有发展一切的基础。强健体格就如大树之根,而人生的所有收获、财富、价值等都相当于枝叶,在强健的根系基础上,才能够枝繁叶茂。因此,没有身心健康的基础,无论是精神财富,还是物质财富,都失去了依托,生命质量也就无从谈起了。

(二) 体育是推进社会进步和精神文明建设的事业

党的十八大以来,党中央和国务院高度重视体育事业的发展,对体育发展的谋划部署与时俱进,为我国体育发展提供了政治保证。体育强则国家强,国家强则体育强,新时代贯彻落实体育发展各项政策,全面提升体育事业发展,是实现中国梦的重要一环。在中华民族伟大复兴的新征程中,体育精神能够有效提升人的思想品质,为努力实现中国式现代化汇聚精神力量。从历史发展来看,尤其是近代以来的历史事实告诉我们,体育可以强壮一国之民,可以振奋国民精气神,我们要弘扬中华体育精神和体育道德风尚,推动群众体育、竞技体育、体育产业协调发展。以体育强国建设,加快体育事业发展,发挥体育对经济富裕、社会发展的强大助推作用。

(三)体育是优秀中华传统文化的组成部分

体育文化是人类为适应生存和发展而创造的,是体育物质文化、精神文化和制度文化的复合体。特别是孕育成长于中华民族悠久历史岁月中的民族传统体育,具有非常显著的文化内涵。体育文化是社会主义文化中不可缺少的组成部分,在社会发展中发挥着不可替代的作用。体育作为一种文化,是体育事业可持续发展的根本动力。百年奥运能够传承延续至今,就是一种文化传递的具体表现。在提高国家文化软实力方面,体育还与实现"两个一百年"奋斗目标和中华民族伟大复兴中国梦关系紧密,是展示国家文化软实力的重要平台。因此对于中华传统文化的传承,体育的作用是非常显著的。

(四)体育是绿色健康持续发展的阳光产业

体育产业是指为社会提供体育产品的同一类经济活动的集合,以及同类经济部门的综合。体育产业是健康产业、幸福产业和绿色产业,在体育强国建设中,要将体育产业打造成实现社会经济高质量发展、满足人民美好生活向往的有力措施。值得注意的是,体育事业同产业之间还是有所区别的,体育事业服务于社会精神文明建设,以公益性、普惠性居多,而体育产业则侧重于经济建设。另外,从体育强国的角度来看,体育事业主要是完成体育在社会建设方面的任务,而体育产业主要是完成体育经济增长方面的任务。《体育强国建设纲要》强调,体育产业是建设体育强国的主要内容,体育强国不仅是竞技体育强国、群众体育强国,也是体育产业强国。近年来,随着国家体育产业政策的完善、人民对体育需求的日益多元化,体育产业蓬勃发展,已逐渐成为经济转型发展的新动能。

第二节 "需要"是体育服务乡村振兴的根本动力

一、关于"需要"的理论

(一)马斯洛和马克思关于"需要"的理论学说

关于需要方面的研究众多,具有代表性的有马斯洛和马克思关于需要的相关学说。马斯洛认为需要分为五个层次,这五个层次由低到高,依次是生理需要、安全需要、归属与爱的需要、尊重需要和自我实现需要。需要像阶梯一样从低到高,按层次逐级递升,当低一级的需要得到满足之后,高一级的需要又会产生。

马克思认为人的需要是有层次的,但这个层次有别于马斯洛的需要层次理论。马克思认为人的需要可以分为生理需要、社会需要、精神需要和发展需要这几个层次。同时,对于个人需要和社会需要,两者之间具有整体性、互促性。在整体性方面,个人是社会的重要组成部分,社会是无数个人共同生活的空间。在互促性方面,个人需要影响着社会需要的内容,同样,社会发展也影响着个人需要的产生。

社会需要有三个重要特点:一是整体性。社会需要是由所有社会成员作为一个整体共同提出的,是大家的需要,不是某个或某些社会成员单独或分别提出的需要。二是集中性。社会需要是由整个社会集中执行和组织的,而不能由某个或某些社会成员通过分散的活动来加以满足。三是强制性。社会需要只能依托政治权力动用强制性手段来满足,而不是依托个人意愿、通过市场交换行为来满足的。

(二)乡村振兴中"需要"的产生和表达

近年来,随着城市化的发展,乡村发展相对滞后,进入21世纪以来,乡村再次成为社会发展的重要区域,乡村工作出现了几个重要的特点。一是2002年,党的十六大正式确立"三农"问题,将"三农"问题作为全党工作的重中之重。二是2017年,党的十九大提出乡村振兴战略,也是在这一年的中央农村工作会议中,提出了五级书记抓乡村振兴的工作方针。三是新冠疫情影响下的全球化挑战,更凸显出乡村振兴是应对这个百年未有之大变局的压舱石。乡村振兴是未来整个社会最重要的任务,也是在全球化挑战下练好内功、强化发展动力的重要工作。

从需要层面来看,乡村振兴作为社会发展的任务,具有社会需要的一面,但是乡村振兴的目标实现,人是关键因素,亦体现出了人的需要的一面。

马克思需要理论学说的层次如下:生理需要、社会需要、精神需要、发展需要。在乡村振兴中,人的需要有着明显的体现,在全面推进乡村振兴之前,我们消除了绝对贫困,取得了脱贫攻坚战斗的胜利,这就使得人的生理需要得到了满足。进入乡村振兴之后,随着社会发展目标的改变,人们也有了更多的需要,主要体现在社会需要、精神需要、发展需要等各个层面。

值得一提的是,在关于人的需要的理论阐述中,马克思有过深刻的研究,并对人的需要和社会之间的关系进行了辩证分析。马克思在《1844年经济学哲学手稿》中指出:"人的本质是人的真正的社会联系,所以人在积极实现自己本质的过程中创造、生产人的社会联系、社会本质,而社会本质不是一种同单个人相对立的抽象的一般的力量,而是每一个单个人的本质,是他自己的活动,他自己的生活,他自己的享受,他自己的财富。"通过上文,可以得出这样的结论,在人的需要同社会实践、社会联系、社会本质的关系中,人的需要是最终目的和根本动力,社会生活是满足人的需要的手段和方法。

马克思关于人的需要理论在体育服务乡村振兴理论体系中具有重要的理论价值。在《德意志意识形态》中,马克思强调任何历史观的第一件事情就是必须注意基本事实的意义和范围并给予重视。他还指出:人们为了能够"创造历史",必须能够生活。但是为了生活,首先就需要生产满足这些需要的资料,即物质生活本身,这是人们从几千年前直到今天都必须时刻经历的历史活动,是一切历史的基本条件。这是历史展开的第一个事实,表明历史唯物主义中物质资料生产的实践是一切历史的前提。面对困难与挑战,中国人民经过不懈努力,在中国历史的每个阶段都创造出了载入史册的伟绩,一代又一代中华儿女建设着伟大的祖国,为实现中华民族伟大复兴奠定了坚实的基础。当前我国"三农"工作历史性地进入了乡村振兴的新征程。因此,马克思关于人的需要理论在乡村振兴建设中具有重要的价值,主要体现在以下几个方面。

第一,满足人的需要有助于推进乡村振兴的发展。乡村振兴是服务新时代中国特色社会主义现代化强国任务的伟大举措。在实现中国式现代化的新征程中,要始终坚持以人民为中心,坚持人民至上,把广大人民群众的利益放在首位,把人民的各项需要作为开展各项活动的方向。乡村振兴最终是为了人民享有幸福生活,人们对美好生活的向往既是推动乡村振兴的根本动力,又是乡村振兴的现实基础。

第二,满足需要是人进行劳动和创造活动的内在原因和根据,这点有利于全面深入地推动乡村振兴。人类的产生源于劳动,劳动是人类生存和发展的基础。需要是人类生命活动的开端,现实生活中人类根据自己的需要展开人的对象性活动,进一步形成了丰富多彩的感性世界。人作为生命存在物,必须在社会与自然中进行能量转换。人为了获取满足自己生命活动的物质资料,必须认识和改造客观世界,而这种认识和改造客观世界的活动,就是人的劳动创造活动。需要是劳动成为人的一般本质的基础,人的劳动和创造活动是满足人的需要的最基本的活动,是人类历史的前提和基础。离开人的需要,人的劳动和创造活动就没有了意义和价值,也不会有人类社会的存在和发展。人在进行劳动和创造活动时,不仅创造了物质需要,而且创造了精神需要。中国特色社会主义进入新时代以后,我国社会的主要矛盾已经转化为人民日益增长的美好生活需要和不平衡不充分的发展之间的矛盾。在农业农村方面,要想化解新时代社会的主要矛盾,更好地满足农民群众对美好生活的需要,必须抓紧补齐"三农"短板,坚持农民的主体地位,准确认识农民的需要,大力推进乡村振兴,促进乡村全面发展。

第三,人的需要具有能动性,有利于促进人的自由全面发展。马克思指出:作为确定的人、现实的人,每个人都有规定、有使命、有任务,至于人是否意识到这一点,都是无所谓的。这个任务是由于人的需要及其与现存世界的联系而产生的。这说明人的需要是必然的,受多种社会条件的制约和影响。人具有能动性,不仅能认识社会而且能改造社会。人的需要同样具有能动性,主要表现在以下几个方面:从认识世界来看,需要的能动性表现为主体的欲望、动机、目的等;从改造世界来看,需要使人进行创造性的劳动活动,使主体的欲望、动机、目的等得到满足。随着需要被满足,又会产生新的需要,从而使人得到不断的发展。人的需要的高级层次为人的发展需要,而人的发展需要的最高层次为实现人的自由全面发展。人的需要是人类展开一切活动的源泉和动力,更是人向着全面发展的目标前进的源泉和动力。因此,人的需要的满足必定会使人民群众的积极主动性得到充分发挥,最终实现人的自由和全面发展。人的多层次需要和人的多方面利益是否能够得到满足、是否能够得到实现也是衡量一个社会是否能促进人全面发展的重要标准。

(三) 体育服务乡村振兴中的"需要"

从理论层面来看,在体育服务乡村振兴的过程中,首先要激发乡村振兴对于体育的需要,并准确全面把握这些需要的实质。因为乡村振兴对于体育的需要,是体育服务乡村振兴的根本动因,如果乡村振兴没有对于体育的需要,那么就不会选择体育作为实现乡村振兴的一种方式。

在乡村振兴的进程中,要准确阐述体育是其必然的选择,至少要从乡村振兴的维度、体育的维度以及乡村振兴和体育整体的维度三个方面进行探讨。无论从何种维度去阐述乡村振兴选择体育的必然性,肯定有一个最根本的动力去推动着乡村振兴和体育之间的结合,这个根本的动力是什么? 就是"需要"。

1. 乡村振兴维度中的"需要"

乡村振兴是中国"三农"工作的重要内容。"三农"工作正持续深入地推进,最终是要实现中国乡村环境的现代化,即美丽且宜居宜业的乡村环境。这是中国始终不变的发展方向,经过持之以恒的努力,这样的目标一定能实现。

进入新时代,我们打赢了脱贫攻坚战,解决了困扰中国几千年的绝对贫困问题,进入了建设中国式现代化的新阶段,"三农"问题是全党工作的重中之重。近年来,农业农村取得了历史性成就,发生了历史性变革,为经济社会发展大局发挥了重要的"压舱石"作用。虽然直到20世纪90年代末,"三农"问题才作为一个整体被提出,但在整个20世纪,"三农"问题始终是制约中国现代化的基本问题。

时光跨越百年,中国已换新颜,中华民族离伟大复兴的目标从未如此之近。但从现实来看,农业发展水平仍然有着弱项短板,农村基础设施缺乏、公共服务不足,农村仍然是发展的薄弱环节,农民整体科技文化素质不高,城乡居民收入差距仍然不小。全面建设社会主义现代化国家,实现中华民族伟大复兴,最艰巨、最繁重的任务依然在农村,最广泛、最深厚的基础依然在农村,"三农"问题依然是实现中国现代化的短板。

当今全球处于百年未有之大变局,实现中华民族伟大复兴的挑战前所未有,更加凸显了全面推进乡村振兴的重大意义。乡村振兴涉及"三农"的基础和发展,本身就蕴含着带动全局的力量,是变局中育先机、开新局的关键。从发展格局来看,广大农村区域是经济产值最低的区域,发展潜力最大,只有激活广大农村区域,才能实现城乡深度融合。脱贫攻坚取得胜利之后,进入了全面推进乡村振兴的新阶段,这是"三农"工作重心的历史性转移,要坚决巩固拓展脱贫攻坚成果,做好同乡村振兴的有效衔接,加强党对"三农"工作的全面领导,加强顶层设计,促进农业农村现代化,全面推动乡村振兴。

从中华民族伟大复兴的全局来看,民族要复兴,乡村必振兴。从古至今,农业一直是我国的立国之本,中国的农耕文明在世界发展史上具有十分重要的地位,并且一直产生着深远的影响。历史发展揭示着这样一条规律,即只要农业兴旺发达,农民就能安居乐业,国家就能和平稳定,社会就能有序发展。如果农民生活出现严重困难,国家则动荡不安,社会则混乱不堪。近代中国曾面临外敌侵略,国内乱象丛生,外患叠加内忧,整个农村社会一片凄凉,民不聊生,人们生活在水深火热之中。直到1921年中国共产党成立以后,找到了中国革命的基本问题,即农民问题,明确将实现农民的幸福生活作为重要使命。党的十一届三中全会之后,一股改革的春风温暖着华夏大地,在中国农村土地上,中国共产党领导着农民吹响了第一支改革开放的乐曲,从此中国全面进入了改革开放时期。党的十八大之后,在消除了绝对贫困,全面建成小康社会,实现了第一个百年目标,向第二个百年目标进发的重要时期,"三农"问题的重要性不言而喻,关系全局。当前,我国农业实力不断增强,农民经济收入和生产生活环境大为改善,农村环境变化日新月异,乡村面貌焕然一新。

面对当今世界百年未有之大变局,农业必须要稳住。"三农"基础一定要持续巩固,加快发展新格局,以扩大内需为基调,注重对城乡发展空间进行总体规划和谋划,相信今后乡村必将大有作为。面对21世纪之初的变局和乱局,发展将面临着极大的风险与挑战。在乡村振兴的过程中,必须要坚持底线思维,具有安危意识,要守护好乡村的发展,维护好农民的切身利益,共同为乡村振兴的建设发展打下稳固的基础。

2021年第一部关于乡村振兴的法律——《乡村振兴促进法》正式施行,足见国家对乡村振兴的重视程度。其中明确规定了促进乡村振兴应当实现产业兴旺、生态宜居、乡风文明、治理有效、生活富裕的总要求。

2. 体育维度中的"需要"

1839年7月和9月,北洋水师与英国兵舰在九龙尖沙咀、穿鼻洋两度炮战,标志着中英之间因禁烟而触发的冲突转为武装对抗。1840年6月至1842年8月,是为时两年多的鸦片战争。炮声震撼了中国,也震撼了亚洲。对于中国来说,这场战争是一块界碑,它铭刻了古代社会在炮火逼迫下走入近代的最初一步。对亚洲来说,战争改变了原有的格局,在此以前,中国是东方的庞然巨物,是亚洲最大的封建制度的堡垒。但是,英国兵轮鼓浪而来,由沿海入长江,撞倒了堡垒的一壁。结果是"秋风戒寒和议成,庙谟柔远思休兵。华夷抗礼静海寺,俨然白犬丹鸡盟",随后,"夷人中流鼓掌去,三月长江断行旅。"

鸦片战争不仅是英国对近代中国的胜利,也是先进的西方对古老的东方的最初胜利。从此,近代中国社会开始经历巨大的灾难和亡国危机。无数仁人志士都踏上了救国救民之路,从那时起中国体育就肩负着为国为民、救国救民的使命与责任。中国近代体育也在这样的历史中,将"体育健体"实现"体育救国"作为其根本出发点。

回顾近代中国发展史,我们经历了一段苦难屈辱的岁月,在这期间中国曾因奥林匹克蒙羞。在新中国成立之前参加的三届奥运会中,一个拥有几千年历史的文明世界大国中国竟然没有获得过一枚奖牌。在帝国列强、封建势力、官僚资本的相互勾结和压迫下,中国社会民不聊生、苦不堪言。面对屈辱,体育始终是以强身之法,达救国之效的重要手段和方式。李鸿章于1881年创办海军学校天津水师学堂、1885年创办陆军学校天津武备学堂,击剑、拳击、足球、跳高、跳远等相继被列为体育课程,将体育训练作为提高军事素养的主要方法。近代爱国武术宗师霍元甲喊出:"世讥我国为病夫国,我即病夫国中一病夫,愿与天下健者一试。"他创办了精武会,以国粹武术带动人们强身健体,以一己之力为国雪耻。中国近代著名爱国人士和教育家张伯苓,也是近代体育事业的先驱者和奠基人之一,提出了"强国必先强种,强种必先强身"的体育思想。1908年,他在当时苦难的中国发出了振聋发聩的"奥运三问":中国何时能派人参加奥运会?中国何时能够获得奥运会金牌?中国何时能够举办奥运会?从此,中国正式开启了百年体育追梦之路。

民国时期,蔡元培提出五育并重。他非常重视体育,认为体育具有"御辱救国、富国强兵"的使命,能够使青少年拥有"完全人格"。1924年,杨贤江在《莫忘了体育》中写道:"我以为中国青年对于体育应有的目标是,体格强壮、忍耐劳苦、精神充足、办事敏捷,并能使人感到愉快且有奋发敢为的气概。"方万邦提出了青年在国家富强、民族复兴中的重要作用,认为"体育教育最迫切的问题,便是如何造就时代需要的新青年,以完成抗战必胜的伟大使命"。程天放对体育的主要价值观表现为"强体御侮",认为中国人的身体之所以孱弱,最大的原因就是不讲究体育,难以抵挡外侮,故民族复兴是天方夜谭。

然而,近代民族历经苦难,让百年体育追梦路的开始异常艰辛,中国沉痛地面对着弱国无体育的现实。这条追梦路是迷茫和忐忑不安的。直到1921年伟大的中国共产党成立了,自此中国共产党团结带领全国各族人民开启了艰苦卓绝的奋斗历程,体育也实现了"体育救国救民"的价值担当。在中国共产党的领导下,中国体育融入了红色基因,孕育着巨大的力量,表现出"体育救国救民"的精神实质。体魄强健是梦想出发的起点,是国家强盛的基石,是民族凝聚力和向心力的保障。从那时起,体育强国的种子真正地生根萌芽,实现从大国到强国的梦,是一代代中国人的夙愿,只有人民的身体和精神素质都提高了,中华民族才能屹立在世界东方。从此,体育被赋予了推动国家强盛、民族振兴的重任。

1949年,中国共产党带领着中国人民取得了革命的胜利,建立了新中国。在党的带领下,祖国的各项事业迎来了翻天覆地的变化,一个东方巨人从此站起来了。党和国家始终重视体育事业的建设与发展。1952年6月10日,毛泽东同志提出"发展体育运动,增强人民体质",这一题词指明了新中国体育事业的前进方向,深刻揭示了新中国体育事业的基本任务,高度概括了新中国体育事业发展的根本要求。邓小平同志提出"把体育运动普及到广大群众中去",并为第五届全国运动会题词"提高水平,为国争光",把体育运动提高到为国争光的高度。

在国家领导人的重视、关心与指引下,中国体育一路披荆斩棘,走向辉煌。1984年,在洛杉矶奥运会上,射击选手许海峰打破了中国奥运金牌为零的历史,吹响了中国体育向世界进军的号角,更促进了奥林匹克精神在神州大地上传播。2008年,北京奥运会圆满举行,这一重要的历史时刻让世人惊叹于中国的改变,100年前的"奥运三问"终于有了一个完整的答案,一个体育大国屹立于世界东方。

在伟大复兴的征程上,我国抒写着体育强国的新篇章。国运盛,体育兴。党的二十大针对体育事业提出:"广泛开展全民健身活动,加强青少年体育工作,促进群众体育和竞技体育全面发展,加快建设体育强国。"这是习近平总书记和党中央对体育战线发出的动员令和冲锋号。

早在1983年国务院批示原国家体育运动委员会上报的《关于进一步开创体育新局面的请示》中就提出要使中国"成为世界体育强国之一",这是首次提出体育强国的概念。党的十八大以来,习近平总书记多次发表重要讲话,强调要从全面建成小康社会、实现中华民族伟大复兴的战略高度来重视发展体育事业,对体育强国建设有着深入思考,系统地提出了对体育事业发展的重要论述,并将其作为习近平新时代中国特色社会主义思想在体育领域的具体要求,对推动体育事业又好又快地发展具有统领作用。

2014年,习近平总书记在索契冬奥会看望中国代表团时指出:"我们成功举办了北京奥运会,实现了全国人民的百年奥运梦。现在,我们比以往任何时候都接近实现中华民族伟大复兴的目标。我们每个人的梦想、体育强国梦都与中国梦紧密相连。"2019年,习近平总书记在给北京体育大学2016级研究生冠军班全体学生的回信中,再次强调:"新时代的中国,更需要使命在肩、奋斗有我的精神。希望你们继续带头拼、加油干,为建设体育强国多作贡献,为社会传递更多正能量。"当前,体育强国建设已经成为我国体育事业发展的总目标。

近代以来,从"东亚病夫"到体育大国,从体育大国迈向体育强国,我国的竞技体育综合实力不断攀升,全民健身公共服务体系不断完善,体育产业创新发展不断深入。体育作为中华民族伟大复兴的重要组成部分,其自身蕴含的价值和作用日趋显著。在近代以来的历史发展中,中国体育为实现救国救民,肩负着强种强身的责任担当,进行了艰苦卓绝的努力,这样的过程就是中华民族为祖国而奋斗的现实写照。中国百年体育奋斗经历,蕴含的文化思想及价值观能够有效地维系中华各民族的感情,对于增进凝聚力、增强文化认同感,具有不可代替的作用。新中国成立以来,在以人民为中心的体育价值观中,体育一直为人民的身心健康保驾护航,为丰富人民文化体育生活不断创新,为社会经济全面发展贡献力量,并且正在为实现"健康中国"的战略,实现"体育强国"的目标,构建符合时代要求的体育价值观,最终为实现中华民族伟大复兴发挥着中国体育的价值作用和使命担当。

党的十九大提出了实施乡村振兴战略,党的二十大又提出了全面推进乡村振兴的新要求,开启了新时代农业农村现代化的新征程。体育是社会发展和人类进步的重要标志,是综合国力和社会文明程度的重要体现。因此,体育既是乡村振兴的重要组成部分,也是助力乡村振兴的新引擎,更是新时代体育报国、实现体育强国的重要途径。没有农村体育的发展,就无法全面实现乡村振兴的总目标。没有农村体育的发展,就无法完全实现体育强国的总目标。这就是从体育的维度体现出的"需要"。

3. 乡村振兴和体育整体维度中的"需要"

民族要复兴,乡村必须要振兴,体育必须要强大。乡村振兴和体育都肩负着实现中华民族伟大复兴的重任,这就为乡村振兴和体育两者成为实现中华民族伟大复兴的一个整体创造了条件,并为这一整体同向而行明确了发展方向。

同时，乡村振兴和体育在实现中华民族伟大复兴的过程中，都有着为实现目标寻找有效路径的需要，这种需要包括外在需要和内在需要。

一方面，乡村振兴要想实现产业兴旺、生态宜居、乡风文明、治理有效、生活富裕，需要有效的实践路径，其中就包含一条以"体育之道，达乡村振兴之效"的路径，这是乡村振兴和体育整体维度中，乡村振兴对体育"需要"的表现；另一方面，中华民族自近代以来，历经了艰苦卓绝的努力，体育一直在实现着"体育救国""体育报国""体育强国"的理想抱负。在实现中华民族伟大复兴的新征程中，体育报国以实现中华民族伟大复兴强国梦是有具体的实践主体的，这些实践主体包括：体育服务乡村振兴的具体实践主体和体育服务体育强国建设的自身实践主体。在体育服务乡村振兴的具体实践主体中，乡村振兴需要的是体育的功能，在体育服务体育强国的自身实践主体中，体育可满足社会对体育的需要，尤其是乡村发展对体育的需要。

综上所述，可以得出这样的启示，在乡村振兴的进程中，无论是从乡村振兴的角度、体育的角度，还是从乡村振兴和体育作为一个整体的角度，都具有强烈的"需要"动因。因此，体育在服务乡村振兴的进程中，为实现乡村振兴的目标而选择各种体育方法的根本动力就是"需要"。

第三节 "创新"是体育服务乡村振兴的价值体现

"需要"是乡村振兴选择体育和体育服务乡村振兴的根本动力，那么是什么样的因素和力量让满足"需要"得以实现且持续存在，并且在实现一个目标后，向更高一个目标迈进的过程中，还能保持满足"需要"且将其变为现实的根本动力源，这是值得我们研究和重视的。

创新居于新发展理念的首位，是基于使命意识的主体驱动力，是乡村振兴高质量发展的动力引擎。党的十九大首次提出乡村振兴，这是中国历史上"三农"工作的一个全新的起点。因此，实现乡村振兴的目标，我们没有历史经验可以借鉴和参考。虽然中国拥有几千年悠久的历史，但是要完成乡村振兴的历史性任务，应该坚持运用"创新"的理念。在乡村振兴的实践中，以中国智慧创造实现乡村振兴宏伟蓝图的各种有效路径和方法。前文已经对乡村振兴和体育之间的"需要"进行了分析，如果说"需要"是一种动力，那么创新就是把"需要"转化为现实成果的具体实现力。

实现乡村振兴，必须坚持创新发展，在实践中体现新发展理念，落实高质量发展的要求。特别是在体育服务乡村振兴的过程中，面对新的目标、新的环境、新的要求，就要贯彻落实创新理念，构建体育服务乡村振兴发展的新格局，谱写体育推进乡村振兴高质量发展的新篇章。

坚持以创新理念引领体育服务乡村振兴,夯实体育服务乡村振兴高质量发展的基础,具体表现是能够高质量地满足人民日益增长的美好生活需要,落实新发展理念,真正做到让创新成为第一动力、协调成为内生特点、绿色成为普遍形态、开放成为必由之路、共享成为根本目的。要想实现高质量发展,就要牢固树立创新理念,并将其贯彻到乡村振兴的全过程和各个方面,促进农村高质量发展和农民共同富裕。

在体育服务乡村振兴的过程中,应坚持以创新激发和保持体育在乡村振兴中的动力。创新是乡村全面振兴的重要支撑,要用好创新这把金钥匙,通过制度创新、技术创新、业态创新、模式创新,推动体育功能和体制机制创新,着力解决乡村振兴中的重点难点问题,把创新贯穿于乡村振兴的全过程,为乡村经济振兴注入新动力。

一、"创新"是体育服务乡村振兴的实现力

创新是国家强盛的动力,唯创新者进,唯创新者强,唯创新者胜。进入新时代,创新是实现经济社会持续健康发展的必由之路。体育服务乡村振兴要达到应有之效,或是要实现乡村振兴的"需要"和体育自身的"需要",就要持之以恒地做好体育创新,让创新贯穿到体育服务乡村振兴的全过程中。

党的十八届五中全会提出,让创新贯穿党和国家的一切工作,让创新在全社会蔚然成风。创新需要主体的积极能动性、责任担当和使命意识,从而围绕社会前进过程中不断的"需要",创新满足"需要"的各种能力和功能。新时代的创新就是要始终围绕着民族振兴、国家富强、人民幸福进行改革创新。抓创新就是抓发展,谋创新就是谋未来。创新是牵动乡村振兴发展全局的关键要素,在体育服务乡村振兴的过程中,面对的是全新的机遇和挑战,既然体育是实现乡村振兴的一种有效路径,那么面对全新的发展阶段,体育必须在审视现有功能的同时,以创新丰富自身内涵并衍生出新的价值,这样才能在服务乡村振兴中体现更好的实现力。

伴随着乡村振兴全面深入的推进,乡村振兴实施的深度、广度、难度都不亚于脱贫攻坚,我们必须要激发创新活力,让体育服务乡村振兴创新发展。

二、"创新"是体育服务乡村振兴的驱动力

社会的发展与进步离不开创新这个驱动力,第一次工业革命和第二次工业革命,都是改变人类发展史的重要阶段,通过创造产生了巨大的生产力,使社会发生了翻天覆地的变化。而创造的本质就是创新的过程,人类社会的每一次重大变革都离不开创新,两次工业革命创造的产值比之前所有人类社会创造的都

要多,这就是创新的力量所在。

在体育服务乡村振兴的进程中,必须要客观准确地认识到,我国仍处于并将长期处于社会主义初级阶段的基本国情没有变,我国是世界上最大的发展中国家的国际地位没有变。要真正发挥体育在乡村振兴中的作用,就要通过创新带动体育服务乡村振兴的发展,贯彻新发展理念,将创新作为第一驱动力。离开了创新发展,体育服务乡村振兴将无从谈起,也毫无意义。在体育服务乡村振兴的过程中,要坚持创新、协调、绿色、开放、共享的发展理念,从中也可发现创新居于新发展理念的首要位置。坚持新发展理念,以创新催生源源不断的驱动力,树立大局观、长远观、整体观,在体育服务乡村振兴的过程中,实现乡村振兴和体育同步发展。

三、"创新"是体育高质量服务乡村振兴的根本

事物发展规律体现出这样一个本质,任何事物都是螺旋式曲线发展的,而不是简单的直线发展,在这其中量与质之间的关系也得以充分体现,通过量的不断增多,积累到一定程度就上升为质的改变。在事物发展的过程中,如果只有量的改变,而没有质的飞跃,那么这种量的改变是毫无意义的。量和质之间的相互影响同变化的关系,揭示出事物发展的渐进性和飞跃性的统一。量变引起质变,质变开启新的量变。在全面推进中国式现代化建设的过程中要始终坚持高质量发展,只有通过高质量发展才能将社会发展的优势转化为现实成果。在推进乡村振兴的过程中,我们应高度重视发展不平衡不充分的矛盾,坚持以问题为导向,避免乡村发展跑偏出错。在乡村振兴的高质量发展中,由创新发展量的积累带来质的飞跃,将体现在乡村经济发展、生态发展、乡风文明建设、宜居宜业环境等各个方面。这个过程中有一种力量推动着变化的产生,这就是创新的力量。

总体而言,用体育创新思维去提高乡村振兴质量的方法有许多,正所谓条条大道通罗马,但是最重要的是在创新的过程中,坚持用科学技术力量推动体育创新高质量。创新是否有成效要看结果是否有利于提高生产效率和竞争力。坚持以科学技术推动高质量发展,一定会是最有效的创新方法。体育服务乡村振兴必然会涉及体育如何长久有效地服务于乡村振兴这一问题,创新将会是解决这个问题的方法,并且创新所产生的力量,一定是体育服务乡村振兴的主要驱动力。创新的力量不仅能够为体育服务乡村振兴提供新的动能,而且能够极大地提升发展的质量和效益,满足人民对美好生活的需要。在全面推进乡村振兴的新征程上,应始终以创新推动体育服务乡村振兴高质量发展。

第四节 "需要"和"创新"是体育服务乡村振兴的逻辑起点

根据我国学者鲍宗豪的观点,一种理论的逻辑起点,应该满足三个条件:一是普遍性。它必须反映本质的、最简单的、最概括的、最基本的、最常见的东西。二是矛盾性。一种理论包含的内在矛盾是以后整个发展过程中一切矛盾的胚胎,潜存着该问题应有的丰富规定性。三是独立性。这一抽象的范畴是自明的,无需通过对象中的其他范畴就可以直接提出,这是事物历史进程的逻辑起点。

2021年是中国共产党成立100周年,在伟大的中国共产党的领导下,经过全国各族人民的持续奋斗,实现了第一个百年奋斗目标,全面建成了小康社会,解决了几千年绝对贫困的问题。全面建成小康社会如期实现,意味着一个"全面"完成,另一个"全面"开启,即"全面建设社会主义现代化国家"新征程开启。

全面建成小康社会,充分展现了新时代中国特色社会主义的伟大成就,标志着中国走向全面建设社会主义现代化国家的新起点、新征程。在新起点、新征程中,"三农"工作历史性地进入了全面推进乡村振兴的新阶段。随着我国全面消除绝对贫困,取得了脱贫攻坚的胜利,进入乡村振兴时期,农村生活环境日渐提高和改善,引起了人们对乡村振兴价值新的认识和对社会生活方式新的思考。为此,体育服务乡村振兴理论的提出,唤起了乡村社会在潜意识中已经存在的对体育的需求和情感,给乡村振兴提供了一种有效的体育方式。这里有一种内在的规律机制,它不仅引起和规定着乡村振兴对体育选择的意识、动机和具体表现的行为,而且也深深地影响着农民群众的生活习惯,这就是存在于人类自身深处的那种"需要"与"创新"。因此,要确立体育服务乡村振兴理论研究的逻辑起点,就要考虑到乡村振兴和体育中的"需要",以及为了满足此种"需要"而进行的"创新"。具体归纳为以下四点。

第一,体育服务乡村振兴的全过程,离不开乡村振兴对体育的需要,没有乡村振兴自身的需要,就不会选择体育作为实现乡村振兴的一种方式,也不会对体育服务乡村振兴的意义进行探究了。没有创新,体育在服务乡村振兴的过程中只能发挥基本作用,但面对乡村振兴的新任务和新需要,仅通过体育最基本的作用是难以有效服务于乡村振兴的重任的。可喜的是,随着人类社会的不断进步,体育一直都在改革与创新,使其自身具有更强大的功能和先进性。特别是,在进入乡村振兴之前的决胜脱贫攻坚的关键阶段,体育已经发挥了强大的作用,主要体现在以下三个方面。

一是用体育精神提高思想境界,增加村民的精神财富。体育精神历来与民族精神息息相关,体育承担着历史赋予的使命。近代以来,中国体育的初心,就是强身健体、驱逐外敌。在新时代,体育的使命是为中华民族伟大复兴贡献体育力量和智慧。在脱贫攻坚时期,宣传自信自强、敢为人先的体育精神;宣传顽强拼搏、永不放弃的体育精神;宣传守望相助、团结协作的体育精神,从而全面提升村民的精神面貌,为如期实现脱贫攻坚任务,注入强大的精神力量。

二是用体育功能增强身心健康,提升村民的健康财富。体育是人类有目的、有计划地提升身心健康的一种社会文化活动。它的根本功能在于强身健体、健康心理。既然是一种社会文化活动,又有强大的健身健心作用,那么就是适合村民提升身心健康的绿色财富,为打赢脱贫攻坚战奠定了坚实的身体和心理健康基础。在脱贫攻坚时期,我国建设了一批体育设施,通过建好设施,开展活动,突出体育功能,丰富文体活动,提升村民健康,使村民的健康意识、锻炼意识都得到了显著提升,为脱贫攻坚战积累了健康财富。

三是用体育教育丰富科学智慧,提升村民的知识财富。从扶贫到脱贫,扶志重在扶智,只有具有科学智慧,才能持久具备进行脱贫攻坚和建设美好乡村的志气与勇气。通过体育基础设施建设、体育文化活动开展彰显体育功能,通过发挥体育和教育优势,提升村民群众的科学智慧。通过开展送体育健康到村里、国民体质健康宣讲等活动,全面提升村民的科学素养,为打赢脱贫攻坚战,全面推进美好乡村建设,贡献体育智慧,打下了很好的基础。

以上三个方面的作用,都是在传统体育功能的基础上,结合脱贫攻坚的要求、社会的现实需要创新出来的具体方法。说明了体育自身的功能价值只有在创新中才能不断满足社会发展的需要。

通过体育来实现乡村振兴的目标,是对体育自身价值的一种认同和选择,这不是一种偶然现象,其包含了在乡村振兴的实践中,通过对各种可能的方式加以选择优化的结果。体育作为一个主体,有意识、有目地地主动参与到乡村振兴之中,而乡村振兴对于体育的需要,可以使体育在服务乡村振兴的过程中,按照自己固有的模式甚至是一种理想的方式进行,然而乡村振兴具有动态的属性,并且具有显著的评价标准和发展要求。这就决定了以体育实现乡村振兴需要的方法及其所依赖的条件并非是理想化的,也无法完全依赖于体育既有的一些功能,因此在体育服务乡村振兴的过程中应遵循现实主义而非理想主义的思路。这是一种创新过程,是社会进步、发展的重要推动力,是一个以需要与创新双向作用为内在线索的运作过程。其中,需要是乡村振兴进程中选择体育的原因,而创新则是体育服务乡村振兴的本质。于是,乡村振兴的需要刺激了体育有效服务于乡村振兴的创新,而创新满足了需要,同时又刺激了新的需要的产生,新的需要又促生了新的创新。如此往复,每一次循环都随着乡村振兴的不断向前发展而得到充分体现。体育服务乡村的价值和创新的动力就是在乡村振兴发展的过程中逐渐发展、成长起来的。所以通过对体育服务乡村振兴的现实观察,需要与创新呈现出互相渗透、互相促进的关系,不断建构体育服务乡村振兴新的起点。于是得出了一个逻辑结论,即体育服务乡村振兴的理论逻辑起点是需要和创新。

第二,在阐述体育服务乡村振兴的理论逻辑中,要清楚地回答为什么需要与创新对于体育服务乡村振兴来说具有不可替代的意义,应通过辩证唯物主义的观点,准确地认识体育服务乡村振兴的逻辑关系。需要与创新为客观把握体育服务乡村振兴提供了有效的途径。

体育服务乡村振兴是一个全新的系统工程,如何通过具体的实践去揭示现象背后的本质呢?从辩证唯物主义的观点来看,任何稳定都是相对的,人们为满足其自身生活的需要而不断进行创新活动也是一种相对稳定。就乡村振兴而言,其主要是为了更好地满足广大农民群众健康幸福生活的需要。那么,在乡村振兴中选择体育,归根到底是因为体育对于实现乡村振兴及实现农民群众的幸福生活有较高的有效性。因此,体育和乡村振兴之间的关联是必然存在的。

换一个角度继续分析,在乡村振兴的进程中,实现产业兴旺、生态宜居、乡风文明、治理有效、生活富裕这些总要求都有具体的路径。比如,通过农产品生产销售达到促进农民增收、提升集体经济的目的;通过法治建设和普法教育,进一步提高农村治理水平,以达到治理有效的要求;通过全民健身的设施建设,提高农村人居环境,使人们养成健康生活的习惯,这些都能够进一步实现生态宜居的目标。然而从乡村振兴的主体出发,对于选择实现目标的具体方式而言,需根据自身的需要,选择最有利于实现的方式,以最大程度地满足自身的发展。这就提出了一个如何看待不同方式的问题,即首先在于它是否能够实现特定的目标,其次在于它是否能够以较高的效率实现目标。

体育服务乡村振兴的全过程,就是用体育的形式服务乡村振兴,进而把体育这样一种特殊的服务于乡村振兴的形式,固化为实现乡村振兴的有效行为方式,要持续这样一种有效的行为方式,就必须要有较高的创新性来匹配乡村振兴进程中不同阶段的不同需要。

通过上述分析研究,我们基本上可以得出以下结论:在体育服务乡村振兴的进程中,应摒弃单一思想和单一模式,注意沿着需要与创新关系的思路展开工作。因为我们选择了体育服务乡村振兴,首先是源于乡村振兴的需要,而这种需要绝不可能是凭空产生的,总要受制于一定的内外条件。乡村振兴的需要驱动着对体育的选择,整个过程其实就是一个体育服务乡村振兴的创新过程。因此,我们应该从需要与创新关系的角度来思考和解释体育服务乡村振兴的理论价值,由单一思维模式向需要与创新关系的新思维模式进行转换,确立科学的研究体育服务乡村振兴的途径,从而从理论上解释体育为什么是服务乡村振兴的有效方式。

第三,从人类社会发展的过程来看,需要与创新的关系是体育服务乡村振兴的逻辑起点。在原始社会中,人类就已经出现了用创新来满足生活需要和适应社会发展的各种表现,并且需要与创新处于推动社会发展和人类进步的一种重要力量的两个方面,是辩证统一的整体。随着需要的产生,实现需要的方法也就产生了。在这样的过程中,需要不断地推动创新,不断地创新又创造了新的需要,如此往复地推动着社会前进。比如,人类的奔跑速度不及猎物,于是创造出了打猎的活动方式;人类的耐寒力不及动物,于是创造出了御寒的物品。无数的事实告诉我们,人类社会的发展变革,其实就是一个不断创新的过程,创新是社会发展的生命力。体育服务乡村振兴的有效性和可靠性取决于体育在实现乡村振兴要求方面的创新力,创新力的强弱也影响着体育服务乡村振兴的质量,从而也影响着乡村体育自身发展的规模和速度。

在原始社会中,人类为了生存,使体育成为了强身健体的一种方式。近代以来,救国报国的初心使命使体育在强身健体的基础功能之上,又产生了爱国救国的功能。诚然,人类的社会发展表现为从简单到复杂、从低级到高级的递进过程,体育的功能和价值也在这样的过程中不断得以完善。

尤其是在全面深化改革开放的今天,我国社会发展的经济物质保障条件和精神文化生活条件都有了显著的提升,使体育迅速发展有了更好的空间。在进入乡村振兴的新时期后,体育作为服务乡村振兴的具体战略目标和战略措施被明确提出来。由此可见,在社会发展的各个阶段和时期,对体育都有着不一样的需求。

为了满足不同的需求,体育经过不断创新,自身价值和功能也得到了发展。正因如此,从理论意义而言,需要与创新的关系,本质上可以作为体育在乡村振兴的过程中,能被需要和能发挥自身作用价值的逻辑起点。

第四,从高质量发展的观点来看,在体育服务乡村振兴的过程中要实现高质量发展,就必须将"需要"和"创新"作为逻辑起点。若想通过体育服务促进乡村振兴高质量发展的需要,就要在乡村振兴的过程中不断创新体育服务的方法。乡村振兴发展的需要与体育服务方法的创新二者之间的内在关系,是分析乡村振兴中体育服务质量提升的前提和基础。总体看来,高质量的体育服务是乡村振兴的基础,而乡村振兴的有效实施需要高质量的体育服务作为支撑。

高质量的体育服务是乡村振兴所必需的。乡村振兴是指乡村各项事业的全面振兴、可持续振兴。从横向来看,乡村振兴的内容主要包括五个方面,即产业振兴、人才振兴、文化振兴、生态振兴、组织振兴。《乡村振兴促进法》以法律条文的形式对以上五个方面的内容作了具体规定。比如,在文化繁荣上,该法指出"各级人民政府应当采取措施丰富农民文化体育生活,倡导科学健康的生产生活方式""各级人民政府应当健全完善乡村公共文化体育设施网络和服务运行机制,鼓励开展形式多样的农民群众性文化体育、节日民俗等活动";在组织建设上,该法提出要"健全农村基层服务体系,夯实乡村治理基础"。上述规定中使用的"丰富""完善""健全"都是相对质量而言的。从纵向上看,乡村振兴要解决长期以来制约乡村发展的城乡二元结构难题,激活乡村可持续发展的内生动力,这样的可持续发展必然是高质量的发展。

乡村振兴的有效实施需要以高质量的体育服务作为支撑。体育是提高人民健康水平的重要途径,是满足人民群众对美好生活向往、促进人的全面发展的重要手段,是促进经济社会发展的重要动力,是展示国家文化软实力的重要平台。这"四个重要"深刻阐释了体育对于人民健康、国家经济社会发展的重要意义。就乡村振兴而言,提升农村公共体育服务质量,促进农村体育发展,有利于提高村民的身体素质,丰富村民的精神文化生活,对提高农村生产效率、建设文明乡风具有重要作用。不仅如此,提升农村公共体育服务质量,还能够带动农村休闲体育产业的发展,为农村经济振兴开辟新的增长点。

第三章 体育服务乡村振兴的条件分析

《体育强国建设纲要》指出，到2020年建立与全面建成小康社会相适应的体育发展新机制，到2035年体育治理体系和治理能力实现现代化。中国现代化的实现是有现代化的治理体系和治理能力作为坚强的支撑与保障的。近年来，我国对体育治理体系和治理能力的要求不断加强，紧紧围绕着现代化要求强化体育治理体系与能力的建设。这也标志着中国现代化治理体系与能力建设更加全面。

体育服务乡村振兴的总体设计要从发展乡村体育治理体系和能力方面考虑。体育服务乡村振兴既是体育治理体系中的重要环节，也是乡村发展体系中的重要组成部分。体育服务乡村振兴既是农村经济社会发展的重要途径，也是实现体育强国目标的具体实践任务。探讨体育服务乡村振兴的整体体系应该着重从体育自身条件以及农村社会的历史发展、现实状况、文化传统、经济社会发展等因素进行全面分析。

体育服务乡村振兴作用的有效发挥，既要有一套理论体系，也要有完整的运转体系和维持这套体系正常运转的基本条件。本章将对保障体育服务乡村振兴有效运行的条件进行探讨。从总体上看，体育服务乡村振兴的基本条件必须包括制度条件、经济条件、文化条件三个方面。这三个基本保障条件，相对独立又互相作用，是由一个整体共同作用于体育服务乡村振兴的各个方面的。

第一节 体育服务乡村振兴的制度条件

制度是以各种规定等内容形成的规范社会行为的一种大家共同遵守的准则。《周易》有言："天地节，而四时成。节以制度，不伤财，不害民。"要想体育有效服务乡村振兴，首先就要建立健全制度条件。党的十九大以来，围绕着实施乡村振兴战略，我国相继出台了《中共中央 国务院关于实施乡村振兴战略的意见》《乡村振兴战略规划（2018—2022年）》《中共中央 国务院关于全面推进乡村振兴加快农业农村现代化的意见》《乡村振兴促进法》等政策法规，国家及地方乡村振兴局先后成立，为乡村振兴战略的全面实施提供了制度和组织保障，也标志着乡村振兴战略的实施进入了全新的发展阶段。

为推进城乡基本公共服务的进程，实现乡村振兴产业兴旺、生态宜居、治理有效、乡风文明、生活富裕的总要求，首先，应做好顶层设计，在机制体制等方面构建具体的实施路径与方法；其次，在乡村建设发展的进程中，让乡村拥有与城市基本相同的公共服务资源。

在推进城乡基本公共服务均等化的过程中，既要在服务种类、数量上有保证，也要在服务质量上有保证，真正体现乡村公共服务有效满足农村经济社会建设发展的需要。体育服务是基本公共服务的组成部分，因此从乡村振兴发展的角度而言，所有的制度与政策都为体育服务乡村振兴提供了保障与发展的条件。

从体育为中国社会发展而服务的历史层面来看，中国农村体育发展大致经历了新中国成立初步发展期、摸索徘徊停滞期、改革开放加速期、体育强国优化期四个阶段。总体而言，农村体育发展与社会经济发展息息相关，受国家制度与政策的高度影响，与自身价值功能关系紧密。

新中国成立之后，我国各项事业迈出了发展的第一步，体育也在这个时期有了新的发展目标，初步形成了中国体育发展的体系框架。受当时制度政策的影响，体育主要为生产劳动与国防服务，农村体育呈现出服从生存、业余、自愿、简单易行的特征，基本处于初级自由发展状态。

党的十一届三中全会之后，中国迎来了改革开放的春天。体育事业的发展也进入了加速期。1984年，原国家体育运动委员会发布了《关于加强县级体育工作的意见》，使得全国范围内的农村体育活动广泛开展，在改革开放的时代背景下农村体育重振旗鼓，并向阵地化、经常化、多样化的方向进行转型。1995年，我国颁布了《中华人民共和国体育法》及《全民健身计划纲要》，2006年中央"一号文件"《中共中央 国务院关于推进社会主义新农村建设的若干意见》明确指出要推动实施农民体育健身工程。随着多年的政策支持，在深化改革的背景下，"三农"问题得到了改善，农民体质健康问题被重点关注。2016年，国务院印发《"健康中国2030"规划纲要》，对推进健康中国建设作出了明确部署，农村体育不断扩大规模并开始高速发展。

新中国成立以来，体育的制度政策，特别是在与农村体育相关的法律法规方面，主要体现了两大特点：一是宏观要求多，具体指导少。国内相关学者的研究表明，通过对比我国东、中、西部地区部分政府网站以及体育局网站发布的有关地方农村公共体育服务法规，可以发现不少文件只是对中央文件进行传达，并没有结合地方的实际情况进行细化，缺乏一定的针对性、操作性、实效性。二是目标性明确，但执行考核性不强。《国家基本公共服务标准（2021年版）》尽管明确了公共体育设施的开放和全民健身服务的对象、内容、标准、责任及牵头负责单位等，为提高农村体育服务质量明确了目标，但具体标准依然是参照以往出台的《公共文化体育设施条例》《体育场馆运营管理办法》《全民健身条例》等有关规定，不少规定的内容已经滞后于农村体育发展的实际状况，且对于标准的执行缺乏有效的监督考核机制，执行力明显不足。

体育服务乡村振兴必须要有完善的制度规范作为保障。应从乡村振兴的全局出发，根据乡村振兴对体育服务提出的新要求，结合农村体育服务发展的实践需要，按照适当超前的原则，对已经出台的相关政策文件进行修订，提高其时效性和针对性。各地方政府应在国家宏观政策文件的指导下，从本地实际出发，尊重农民群众的主体地位，深入了解农村居民的体育服务需求，制定具有操作性的质量标准规范，为体育服务乡村振兴提供主要依据。在此基础上，各级政府还应完善制度落实的督促奖惩机制，既要强化压力传导，增强制度规范执行的约束力，也要强化正面激励引导，增强制度的内生动力。

党的十八大以来，党中央站在国家强盛、民族复兴的战略全局，高度重视体育事业的发展，对体育强国建设进行了顶层设计，作出了整体谋划和系统部署。中国体育发展进入了全面优化期。2019年，国务院办公厅发布了《体育强国建设纲要》，农村体育发展不断优化，将乡村振兴战略下的"三农"问题作为全党工作的重中之重，落实体育助力全面脱贫政策并开始为乡村振兴服务。2022年6月，农业农村部、国家体育总局、国家乡村振兴局联合发布了《关于推进"十四五"农民体育高质量发展的指导意见》，这是继2017年《关于进一步加强农民体育工作的指导意见》和2018年《关于体育扶贫工程的实施意见》之后，又一项专门支持农村体育发展的政策制度。打造"一地一品，一村一品"特色品牌、建立"全国农民体育健身基地"、推广"最美乡村体育赛事"等农村体育工程被提上发展日程。

政策制度既是宏观调控体育发展的主要动力，也为具体的体育工作指明了方向。近年来，在体育强国建设的进程中，政策制度不断完善，特别是在农村体育方面，一系列的政策制度出台并实施，调动了基层政府的治理工作积极性，加大了农村体育的政策帮扶力度，有力地促进了体育服务乡村振兴的开展。2022年6月24日，《中华人民共和国体育法》经全国人民代表大会常务委员会修订通过，从法律层面进一步完善了体育工作开展的依据和制度保障。在体育服务乡村振兴的实践过程中，要根据各地的地域特点、人口结构、运动习惯、实际需求等，从不同层面制定有效的监督制度、考核制度、问责制度、激励制度，强化农村体育法制体系建设和政策帮扶力度,以制度建设保障体育服务乡村振兴的长效运行。

第二节　体育服务乡村振兴的经济条件

恩格斯说过:"一切社会变迁和政治变革的终极原因,不应当在人们的头脑中,不应当在人们对永恒的真理和正义的日益增进的认识中去寻找,而应当在生产方式和交换方式的变更中去寻找;不应当在有关的时代的哲学中去寻找,而应当在有关的时代的经济学中去寻找。"这段论述对于理解体育服务乡村振兴具有很大的指导意义。

经过不懈的努力,尤其是在党的十八大之后,中国成功地消除了困扰中华民族几千年的绝对贫困问题,近1亿农村贫困人口全部脱贫,为世界减贫事业作出了巨大贡献,实现了全面建成小康社会,群众幸福生活水平和社会发展均取得了突破性成绩。2021年,我国国内生产总值达114万亿元,占全球经济的比例由2012年的11.4%上升到18%以上,我国世界第二大经济体的地位得到巩固提升。同期,我国人均国内生产总值达到1.25万美元,接近高收入国家门槛,我国经济对世界经济增长的贡献总体上保持在30%左右,中国经济是世界经济增长的最大引擎。2017年以来,中国在吸引外资方面连续4年位居世界第二,对外投资流量稳居全球前三,"一带一路"经贸合作得到高质量推进。

随着我国经济实力迈上新台阶,经济的迅速发展激发了人民生活方式的变革和生活价值的创新,这也是体育服务乡村振兴的积极动因。经济和体育,前者作为物质层面,后者作为文化层面同属于社会结构之中。所谓物质是指在生产过程中生产出来的劳动产品,除此之外,还包括生产活动本身,而生产活动又包括生产关系的动态过程。一定的劳动产品是一定的生产工具、生产力水平以及生产关系的发展及其发展演变阶段的标志,也是一定阶段经济领域的现代化特征。美国著名学者艾森斯塔德曾描述:"这些演变具有高度工艺技术发展的特征,并被知识的系统运用以及与初级的天然物生产相区别的第二产业和第三产业所推动。换言之,这些演变表现为一种工业体制的发展,而其又是以高度工艺技术、经济角色和经济运行单位——生产、消费、交换的日益专门化,以及产品、劳动力、金融市场的日益扩大和复杂化为基础的。"

在文化方面,体育不是人类生来就具有的,它是人类从社会生活中创造出来的。从最初满足人类的生存和劳动需要,进而发展成满足人类的精神享受需要,直到为人类社会创造文化价值和精神财富,这是一个很大的飞跃。作为精神文化,体育源于生活并再现或高于生活,随着社会文明的进步,不断地向前发展。今天的中国经济高速运转,特别是农村社会,在消除了几千年的绝对贫困之后,中国"三农"工作历史性地进入了全面乡村振兴阶段。应该注意的是,在物质产品加速发展的农村社会,文化精神方面也要同步发展,不能缺失上升的动力。体育作为一种社会文化,能够很好地在物质经济快速发展的同时,促进精神文化的同步提升。

现实的社会生活揭示了这样一个事实,经济活动首先是人们求得生存的活动。人们的生存问题不解决,更高层次上的生活追求就不会产生。如果中国经济发展落后,农民群众只是处于温饱的状态,那么人们只有对生存满足的追求,就不可能会有对体育的需要,农村体育将处于简单的状态,乡村将处于滞后的发展状态。受到落后的经济水平的影响,何谈乡村振兴,体育服务乡村振兴更是无从谈起。恩格斯说过:"正像达尔文发现有机界的发展规律一样,马克思发现了人类历史的发展规律,即历来为繁茂芜杂的意识形态所掩盖着的一个简单事实:人们首先必须吃、喝、住、穿,然后才能从事政治、科学、艺术、宗教等。"因此,直接的物质和生活资料的生产、一个民族或一个时代的经济发展阶段便构成了基础,国家制度、法治观点、艺术以及宗教观念都是从这个基础上发展起来的。所以说物质和经济,一定是社会发展的基础,其他组成部分也一定是在这个基础上发展起来的。体育能够有效地服务乡村振兴,其中也包含了这样的规律,即经济的不断增长为体育服务乡村振兴提供了经济和物质保障。

马克思指出:"物质生活的生产方式制约着整个社会生活、政治生活和精神生活的过程。"体育的发展离不开经济基础,经济作为体育的基础也始终不会改变。今天,中国已经实现了全面小康,迈出了向中国式现代化前进的步伐,乡村振兴是中国式现代化的重要组成部分。农村体育事业伴随着乡村振兴的发展,不断地具有了很好的经济和物质基础。在乡村振兴深入发展的过程中,农村社会发生着巨大的变化,体育的价值功能正发挥着积极主动的作用,从而加快了乡村生活的变化。体育服务乡村振兴的理论提出和在实践中所产生的效果,从根本上体现出了经济发展基础和体育价值作用之间的关系。体育应以经济为基础,有什么样的经济条件,体育就发展到什么程度。正因如此,当农村社会经济发展到乡村振兴阶段时,农村体育发展的经济基础要比以往任何一个时期都要好,体育服务乡村振兴的重要价值就得以完美地呈现。

在乡村振兴的进程中,农村经济是推动农村建设发展的重要基础。虽然说经济是发展的基础,但是从经济和体育的相互关系而言,应该促进经济和体育协调发展。在体育服务乡村振兴的实践中,要重视体育直接和间接地促进经济发展的功能,为乡村振兴的建设发展奠定经济基础,推动农村体育事业和经济协调发展。这就从经济基础促进农村体育发展的角度,转变到另一个角度看体育和经济之间的关系，即农村体育的发展会对乡村振兴经济方面的发展产生积极作用，使农村经济发展更加均衡、稳定、全面。这样看来，一方面，农村体育事业的发展需要为农村经济的建设提供良好的思路和机遇；另一方面，农村经济的发展需要为农村体育事业提供更多的发展空间与经济支持。

在乡村振兴的进程中，要重视政策协调效应，使乡村经济发展与体育发展有效融合，进一步提高乡村经济发展的质量。目前，乡村振兴全面推进，各类政策也加大了向乡村倾斜的力度，体育事业与经济协调发展的探索不断深入。其中，较为普遍且影响较大的是市场协调机制，这一机制充分发挥了市场在资源配置中的作用，从而使乡村体育和经济发展产生了积极的协调作用，使乡村体育的发展获得了强大的经济支持。

在传统经济模式中，农村原有的资源配置能力是很弱的，并且处于一种自然状态。在这样的经济模式中，体育的发展难以得到保障。乡村振兴发展建设的重要内容之一，就是要实现产业兴旺，提高乡村的经济水平。这种经济增长的要求和经济增长的环境，为体育的发展提供了很好的基础。在乡村体育的发展中，也渐渐地培育了体育在乡村振兴中新的价值和功能，且进一步促进了体育服务乡村振兴的作用。因此，经济基础是有效实现体育服务乡村振兴的保障条件。

第三节　体育服务乡村振兴的文化条件

文化，广义上是指人类在社会实践的过程中获得的物质、精神的生产能力和创造的物质、精神财富的总和，狭义上是指精神生产能力和精神产品，包括自然科学、技术科学、社会意识形态，有时又专指教育、科学、艺术等方面的知识与设施。

文化是体育服务乡村振兴的重要条件。作为农业大国，"三农"问题一直是中国社会发展的基本问题。乡村振兴的重大战略提出之后，农村问题不仅是全面建成小康社会的关键问题，也是实现中国式现代化强国的关键问题。中国是农耕国家，历经几千年的演变发展，有着内涵丰富的农村文化，这是农村社会发展的关键因素。体育作为一种社会文化现象，是一种自人类社会发展以来就一直存在的一种精神文化的具体表现形式，自身也包含着丰富的文化内涵。在中国农村全面进入乡村振兴建设的新时期，无论是乡村文化的需要还是体育文化的需要，无论是个人的精神文化生活还是物质文化追求，体育服务乡村振兴必然受到了文化的影响。

"百家争鸣"这个词，可以从某一个角度说明中国传统文化的博大精深。我国的传统文化,在"百家"之中,主要以儒家、道家两种主流思想为主体。在中国几千年的封建社会时期,主要以家庭为基本单位,家庭组成宗族,多个宗族组成社会,构成了社会体系。在这样的社会体系中,人们靠土地为生,土地是无法移动的,祖祖辈辈、子子孙孙也因此都基本生活在同一片土地上。由于社会习俗、传统观念以及较低的收入来源等因素,一个家族各个分支都生活在一个村落中,渐渐形成了风俗习惯,经过不断地演变最终形成了具有中国乡村特点的管理办法。而且,在中国乡村社会的管理办法中,包含并传承着中国儒家的思想精神,这也给中国乡村的发展赋予了文化色彩。传统文化思想就是在中国乡土社会中代代相传并得以发展的,同时传统文化也在这样的过程中推动着乡村的建设与进步。

在简要说明乡村文化和家族观的形成过程之后,再看乡村社会的发展。随着时间的推移,为了顺应时代的发展,社会制度发生了变革,不过并非所有的内容都会发生变化,尤其是宗族血缘观念以及在这样观念中产生的伦理文化始终是中国社会重要的传统文化,至今都深刻影响着中国乡村社会。体育服务乡村振兴,从文化的层面去分析和探讨,就必须要了解体育在乡村文化中处于一种怎样的状态,并从乡村文化的角度,探讨人们对体育的接受程度。对于这个问题,也可以从传统文化对当代乡村体育的影响中进行分析。

一、传统文化对体育的积极影响

(一)爱国思想对体育的影响

优秀的传统文化中最重要的部分就是报效祖国,忠于国家和民族。古代历史中有许多精忠报国的人物,如卫青、岳飞、文天祥等都是传统文化中爱国报国的典范。中国传统文化中很早就有了对修身、齐家、治国、平天下的论述,且处处体现着天下兴亡、匹夫有责的爱国思想。这种爱国情操和集体荣誉感在体育事业的发展中也得到了充分体现,并逐渐形成了"为国争光"的中华体育精神。

(二)儒家经典和思想对体育的影响

在中国优秀传统文化中,儒学经典是基本的底蕴之一,传统的儒学经典一直教育着中国人应有"爱""仁""智""义"等思想,具体来看就是信任、友善、团结、互助。传统的儒学思想也对体育产生着影响,它是体育精神的内在构成要素。中国的传统体育项目武术,就很好地体现了传统文化的思想精神。《左传·宣公十二年》中就对武德进行了规定,且先后形成了"未曾习武先修德""习此术者,以强体魄为要旨"的规定,倡导"济危扶贫,匡扶正义"和"不可逞强凌弱"。中央国术馆也曾把"爱国、修身、正义、助人"作为武德规范,体现出"仁爱"之心。

因此，在这样的体育传统文化的引领下，乡村振兴通过体育文化的传递和影响，可以有效促进乡风文明的发展。

（三）自强不息的拼搏精神对体育的影响

我国传统文化注重用自然现象来揭示精神哲理，通过用天进行比喻，认为天道运行刚强劲健，人类就应该具有这种自强不息、坚持不懈的拼搏精神，这与体育精神的形成和体育活动中所秉承的顽强拼搏的精神一脉相承。中国体育健儿正是因为具备这样的精神，才能在世界体育舞台上为国争光、获得荣誉。

（四）中庸思想对体育发展的影响

中庸思想在中国传统文化中具有代表性，主张不偏不倚以达和谐统一。中国传统文化所追求的君子境界，是一种与人和善、包容四海的感觉。特别是在群众体育或乡村体育活动的开展中，不一定非要以胜负来体现获得感，更多的是在以和为贵的宽松氛围中通过参与体育活动促进生活美好。

在悠久漫长的中国历史形成中，体育活动一般讲究修身、养性或娱乐，几乎不存在竞技的运动形式，竞技体育赛事源于西方，是近百年来才在中国慢慢发展起来的。其中，中国传统文化中的"包容性"起了很大的作用，为我国体育文化的发展增添了活力。

二、传统文化中不利于体育的主要因素

我国传统文化对于体育有着巨大的积极影响，但是事物总有两面性，传统文化中仍然存在着不利于体育事业发展的因素。为了更好地把握传统文化对体育发展的作用，有必要对这些不利因素进行归纳。

一是儒家文化中的三纲。孔子最先提出了"君君，臣臣，父父，子子，夫夫，妇妇"，孟子在孔子的理论基础上提出了"父子有亲，君臣有义，夫妇有别，长幼有序，朋友有信"的道德规范。现如今的中国虽然早已步入社会主义，但是在乡村社会，尤其是老年人群中，这些思想还是有所体现，如乡村女性群体在参与体育活动中的消极态度等。

二是传统文化中的重文轻武。中国传统思想一直是比较重文轻武的，所谓"万般皆下品，唯有读书高""劳心者治人，劳力者治于人""十年寒窗无人问，一朝成名天下知"等观念都鼓吹读书人才是社会栋梁之才，劳力者是被人看不起的角色，只有读书才能光宗耀祖。这种思想在我国民间根深蒂固，是影响体育发展的主要因素。

三、优秀文化促进体育服务乡村振兴

几千年的中华传统文化博大精深,对社会发展特别是当代社会的建设具有重要作用。当今社会处于快速发展的新阶段,文化思想能够丰富人类的精神。体育作为一种文化活动自古有之,受到传统文化的深远影响,并一直以体育文化活动发挥着传承发扬传统文化的突出作用,要认真总结优秀传统文化对体育服务乡村振兴的作用,准确把握和理解优秀文化促进体育服务乡村振兴和体育传承优秀传统文化的作用,让有益于体育促进乡村发展的思想得到更广泛的接受,摒弃传统思想中消极的且不利于体育事业发展的因素,让优秀传统文化的正能量促进体育服务乡村振兴事业再创辉煌。

中国农村人口多达几亿,无论是现有农村人口,还是在城市发展的农民工群体,都是乡村和城市发展的重要力量。毫不夸张地说,农村人口素质,尤其是精神文化素养,对中国的建设发展都产生着直接影响。乡村振兴需要不断提升农民素质,农民素质的整体提升会使整个农村产生很大的进步。因此,文化的建设与作用十分重要,且不可替代。这种对于文化发展的需要,为体育发挥自身在文化建设中的特殊作用创造了良好的条件,这就从文化建设发展的角度为体育服务乡村振兴提供了重要的依据。

农村体育是乡村振兴建设的重要组成部分,体现在乡村的产业发展、生态建设等多个层面,其对于提升农民素养以及形成科学文明的生活方式具有重要作用。因此,研究体育服务乡村振兴,要重视从文化层面来探讨分析相关条件,可以使体育服务乡村振兴得到更长远的发展。

按照社会学理论的相关研究内容,能够在社会发展中产生主导作用的文化及其相关构成因素,主要是通过社会组成成员的价值观念、情感体验、行为规范、思维方式等方面的影响而体现的。它规范人们的思维、情感和行为,对人类社会的发展产生直接影响。为此,在乡村振兴的大背景下,应通过对农民群众的主体行为、思维和情感这三种影响文化的因素进行探索,进一步认清这些因素对于体育服务乡村振兴有怎样的影响。同时,准确分析主体行为、思维和情感这三者之间的关系。

对于主体行为、思维和情感之间的关系,一般具有这样的规律,即思维和情感是隐性的,而主体行为是显性的。思维和情感这种隐性的内容,需要通过主体行为得以表达和显现。因此,主体行为、思维和情感是一个整体且又相互作用。在乡村振兴的背景中,生活方式和环境正在发生着巨大的变化,迎来了更广阔的发展空间。这一切的改变,最终都会促使生活在乡村的广大农民群众对现实生活进行思考并对已形成的思想进行新的审视。

体育在农村社会发展演变的进程中一直都存在,并且在不同的时期发挥着

应有的作用，体现出不同的内涵。在人类社会的发展中，体育在农村社会的发展从单一向多样化转变，从简单向复杂转变。在每一个时代，人作为社会的主体都在根据时代发展的特点和人类进步的水平来确定体育的定位。在体育服务乡村振兴的过程中，随着农村社会的进一步发展和文化教育的繁荣，广大农民群众的物质生活和精神文化生活水平得到了提高，对于体育的需求也越来越多。同时，物质文明的繁荣必然带来精神文明的进步，不论是农村社会还是农民群众，对于体育这样一种精神文化需求，将促进体育更好地服务乡村振兴。同样，在体育服务乡村振兴的过程中，体育文化也将对乡村的产业发展、乡风文明、村庄治理、生态宜居等多个方面产生影响。

除上述之外，在乡村振兴的过程中，人们对于体育服务乡村振兴价值的评价，由于不同的文化程度和情感认同差异，往往会对相同的价值作出不一样的感知、理解。按照社会发展的主线来看，这样一种现象存在着明显的社会时代性。比如，在改革开放前的乡村社会中，由于人们的主要精力都耗费在对物质生活的追求中，所以往往将参与体育运动视为"不正经"，是"吃饱了没事干"之所为等。而今天，人们已从"物欲型"生活拔足而出，以一种近乎全新的眼光来感知和理解体育生活化的价值问题，其评价倾向也由否定转为肯定，由单一转为多样。

当今，在乡村振兴的背景中，由于我国许多地区各方面发展极不平衡，因此在一些地区和一些人中，本身还缺乏相应的经济条件、新的生活方式和行为，导致体育生活化仍然是无力的。因此，我们仍要继续努力，促进社会经济生活发生整体变化，形成当代文明和新型的情感方式，满足人们特定的精神需求。

在此过程中人们的情感方式发生了以下转变：一是情感需要的转型。在体育服务乡村振兴的过程中，满足了农村群众精神文化方面的需要，体育生活化呈现出多样性的价值。二是情感体验的转型。在体育服务乡村振兴的过程中，农民群众精神文化的体验度将得到很大改变，这将重新塑造新时代农民群众的文化精神。三是情感功效方式的转型。在体育服务乡村振兴的过程中，从情感需要的满足，再到情感体验的重塑，最终通过体育体现乡村振兴实践中社会群体凝聚力的价值。

中国农村体育的发展相比城市体育的发展是非常滞后的。近年来，农村体育的发展经历了一个快速发展时期，但是要使体育文化和精神方面的作用完全显现并发挥出来还需要一个过程。在这样一个过程中，需要注意的是，在农村体育的推广过程中，尤其是体育服务乡村振兴方面，体育工作的开展，不能只注意用行政的力量来组织、管理和协调，更要重视能对现实起重要作用的文化精神和情感纽带作用。

从乡村振兴自身而言，产业发展推动着经济的增长，对于人的文化精神方面将有两个方面的明显影响。一方面,农民增收,物质生活水平不断提高,为农民群众精神文化需要的满足提供了很好的基础保障;另一方面,应该引起注意和重视的是,随着物质生活水平不断提高,农民群众对于物质生活水平提高的需要,会影响他们在精神文化方面的追求,从而导致他们在农村社会的精神文化方面有所缺失,不利于农村社会的健康发展。体育在服务乡村振兴的过程中,吸引人们关注体育活动,可以有效地让农民在参与体育时产生群体凝聚力,并获得认同感、归属感等多方位的情感满足。

第四章 体育服务乡村教育与健康的实践探索

为了更好地探讨体育服务乡村振兴这个主题,在对理论机制进行初步探讨的基础上,有必要对体育服务乡村振兴的实践与探索情况进行分析讨论。为实现巩固拓展脱贫攻坚成果同乡村振兴有效衔接,我长期在皖北地区开展工作,对体育服务乡村振兴进行了认真的思考与实践探索。本章将介绍体育服务乡村教育与健康两个方面的实践探索情况,力图呈现出在全面推进乡村振兴的起步阶段,体育在乡村振兴进程中的实践现状。

第一节 农村小学体育实践

乡村振兴是新时代"三农"工作的总抓手。乡村振兴的持续推进为农村教育事业的发展提供了重要机遇,体育教育作为学校教育的重要组成部分,肩负着培养德、智、体、美、劳全面发展的乡村振兴后备人才的重任,在促进农村青少年身心健康成长方面具有重要作用。"乡村振兴,教育先行。"目前在农村小学体育教学过程中,依然存在着一些问题。通过对皖北地区 17 所农村小学体育教学的实际情况进行连续 3 年的调研分析,呈现出以下基本情况。

一、农村小学体育教学重视程度

随着打赢脱贫攻坚战,全面进入乡村振兴时期,农村小学迎来了新的发展时期。在农村小学体育教学过程中,学校、教师、家长以及学生对体育的重视程度,对于有效开展学校体育教学工作至关重要。据调查结果显示,目前,体育教学受到广泛重视,认为体育教学很重要和重要的人数分别占总人数的 42.32% 和 37.14%,认为体育教学一般的人数占总人数的 19.06%,认为体育教学不重要的人数占总人数的 1.48%(图 4.1)。

对如何理解重视度这一问题的访谈结果显示,虽然对体育教学的重视度很高,但是体育教学的具体实践情况反映出,农村小学对重视程度的理解还存在着偏差和片面性。

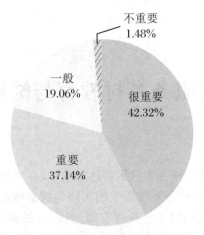

图 4.1　体育教学重要程度分析图

在管理层面,农村小学对体育教学的重要性有着准确的认知,但是在实际管理中,对师资队伍建设、体育课开设数量、课外体育活动组织、体育硬件设施保障等方面落实不够。

在教师层面同样如此,所有体育教师都对体育教学的重要性有着准确的认知,但是在体育教学的组织和实施过程中,标准不高、要求不严的现象依然存在。

在家长层面,多数家长表示体育教学很重要,但是对其重要性的认识较为片面,对学校之外的体育活动配合度较低,认为只要完成学校体育课的任务,就是重视和支持学生的体育学习。

在学生层面,体育课带来的趣味性和娱乐性是激发他们重视程度的主要原因,他们对体育教学能够促进身心健康,有助于学习进步的本质没有充分的认识。

二、农村小学体育师资队伍建设

师资队伍建设是从教师年龄结构、专兼职教师比例、专业技术能力等方面进行调查研究的。在教师年龄结构方面,调查结果显示:35岁以下有5人,占比16.67%;36~45岁有13人,占比43.33%;46~55岁有10人,占比33.33%;55岁以上有2人,占比6.67%。其中男女教师比例为27∶3(表4.1)。

表 4.1 小学体育教师年龄结构情况

	35 岁以下	35~45 岁	46~55 岁	55 岁以上
人数	5	13	10	2
比例	16.67%	43.33%	33.33%	6.67%

在专兼职教师结构方面,调查结果显示:专职教师共有 17 名,占教师总数的 56.67%;兼职教师共有 13 名,占教师总数的 43.33%。从教师配备的总体情况分析,17 所农村小学共有学生 7117 人,按照师生比例 1∶220 配备,应该配备专职体育教师 33 人,但实际上专职体育教师只有 17 人。

在专业技术能力方面,调查结果显示:高级职称 2 人,占比 6.67%;中级职称 4 人,占比 13.33%;初级职称 9 人,占比 30%;未定职称 15 人,占比 50%(表 4.2)。在培训方面,调查结果显示近 3 年来参加继续教育或岗培的仅有 5 人。

表 4.2 小学体育教师职称结构情况

	高级职称	中级职称	初级职称	未定职称
人数	2	4	9	15
比例	6.67%	13.33%	30%	50%

在学历结构方面,调查结果显示:大专以下学历 4 人,占比 13.33%;大专学历 21 人,占比 70%;本科学历 5 人,占比 16.67%(表 4.3)。目前,农村小学教师的学历结构已得到了进一步的优化提升。

表 4.3 小学体育教师学历结构情况

	大专以下	大专学历	本科学历
人数	4	21	5
比例	13.33%	70%	16.67%

三、农村小学体育教学实施

(一)体育教学课程设置

所调查的 17 所小学均足额开设了体育课程,并且每节课的时间均达到了 45 分钟。其中 2 所小学每周开设 3 节体育课程,占比 11.76%;15 所小学每周开设 2 节体育课程,占比 88.24%。

(二)课外体育活动开展情况

课外体育活动开展是从课余体育训练、课外体育活动、学校运动会、大课间四个方面进行调查分析的。

调查结果显示：17所小学中没有一所能够同时开展所有课外体育活动项目，但均开设了大课间活动。能够开展课余体育训练的有6所小学，占比35.29%；开展课外体育活动的有15所小学，占比88.24%；组织全校运动会的有10所小学，占比58.82%（表4.4）。其中，每年开展一次运动会的有5所小学，占比50%；每两年开展一次运动会的有3所小学，占比30%；每三年开展一次运动会的有2所小学，占比20%。

在课余体育训练和课外体育活动开设的数量方面，6所小学开展课余体育训练的次数为每周1~2次，15所小学开展课外体育活动的次数为每周3次。

表4.4 课外体育开展情况

	开展	占比	未开展	占比
课余体育训练	6	35.29%	11	64.71%
课外体育活动	15	88.24%	2	11.76%
学校运动会	10	58.82%	7	41.18%
大课间活动	17	100%	0	0%
上述4项均包含	0	0%	17	100%

（三）体育课程内容安排

小学低年级、中年级和高年级的体育教学内容安排符合教学标准，对体育教学教案、教学计划以及体育教学过程的调查结果显示：在课程内容安排方面，由于各小学的体育教学保障条件不同，导致了在体育教学内容选择方面具有明显的差异性。

选择较集中的是田径、篮球、足球，分别占比100%、88.24%、70.59%；其余选择的是乒乓球、武术、羽毛球、综合体能以及其他项目，分别占比52.94%、41.18%、29.41%、11.76%、5.88%（表4.5）。

表4.5 体育课程内容安排情况

	田径	篮球	足球	乒乓球	武术	羽毛球	综合体能	其他
数量	17	15	12	9	7	5	2	1
占比	100%	88.24%	70.59%	52.94%	41.18%	29.41%	11.76%	5.88%

（四）体育教学保障条件

体育教学保障条件，包括体育场地、体育器材等，体育教学保障条件直接影响体育教学的开展。根据调查结果显示，17所小学的体育教学保障条件都具有一定的基础,并较之前有了很大的改善和提升。

调查结果显示:5所小学有田径场,占比29.41%,由于受到校园空间布局的限制,田径场地以200米为主。3所小学有5人制标准足球场,占比17.65%;11所小学有篮球场地,占比64.71%;4所小学有羽毛球场地,占比23.53%;17所小学均有乒乓球桌和操场,占比100%;15所小学有4件以上健身器材,主要包括单杠、双杠、云梯、肋木、高低杠等,占比88.24%(表4.6)。

表4.6 体育教学配套保障设施

	数量	占比
田径场(200米)	5	29.41%
5人制标准足球场	3	17.65%
篮球场	11	64.71%
羽毛球场	4	23.53%
乒乓球桌	17	100%
操场	17	100%
健身器械(4件以上)	15	88.24%

(五)政策支持对体育教学的影响

乡村振兴为农村小学教育的发展创造了新的空间,在体育教学方面也有明显的体现。研究结果显示,在乡村振兴的进程中,在教育帮扶和体育帮扶下,小学体育教学的硬件设施得到了有效提高,并且充实了学校体育教师的力量,学校体育教学整体水平有所提升。

调查结果显示:通过体育帮扶提升场地设施建设的共有4所小学,援建具体项目包括1个小型综合体育馆、2个5人制笼式足球场、1个200米标准塑胶跑道田径场,分别占比5.88%、11.76%、5.88%。安排一年周期的高等体育院校实习生的共有13所小学,占比76.47%;开展体育师资培训的共有15所小学,占比88.24%(表4.7)。

表4.7 帮扶支持农村小学体育发展情况表

	数量	占比
小型综合体育馆	1	5.88%
5人制笼式足球场	2	11.76%
200米标准塑胶跑道田径场	1	5.88%
一年周期的高等体育院校实习生	13	76.47%
体育师资培训	15	88.24%

（六）体育教学效果

体育教学效果是评价体育课教学成效的主要指标，在调查研究的过程中，选取了50米短跑、坐位体前屈、1分钟跳绳、仰卧起坐、50米往返跑5个测试项目。对17所小学1080名学生，按照一二年级、三四年级、五六年级，分成低年级、中年级、高年级3个组，每组各360名学生进行了测试。

17所小学的调查结果显示：低年级组优秀人数158人、良好人数145人、合格人数47人、不合格人数10人，分别占比43.89%、40.27%、13.06%、2.78%；中年级组优秀人数197人、良好人数136人、合格人数21人、不合格人数6人，分别占比54.72%、37.78%、5.83%、1.67%；高年级组优秀人数217人、良好人数112人、合格人数29人、不合格人数2人，分别占比60.28%、31.11%、8.06%、0.55%。目前学生的体育测试成绩明显提高（表4.8）。

表4.8　村级小学学生体育教学效果测试情况表

	低年级	占比	中年级	占比	高年级	占比
优秀	158	43.89%	197	54.72%	217	60.28%
良好	145	40.27%	136	37.78%	112	31.11%
合格	47	13.06%	21	5.83%	29	8.06%
不合格	10	2.78%	6	1.67%	2	0.55%

四、农村小学体育教学实践的启示

1. 农村小学体育教学重视程度普遍提高，但是不同层面对其重要性的认知存在差异

在体育教学管理和执行层面，从管理者到体育教师对体育教学的重要性在主观上有了清晰准确的认知，但是在具体的管理和教学过程中这种重视程度并没有充分体现。在家长层面，对体育教学的重要性的认知，仅仅停留在配合学校做好体育教学工作，虽然比之前有了很大的改进，但是依然对体育教学的重要性认识不足。在学生层面，对体育教学重要性的认知，主要受到体育教学的趣味性和娱乐性影响，但是对于体育教学能够促进、提升身心健康的作用和价值认识还不充分。

2. 农村小学体育教学师资队伍建设有了明显改善

在年龄结构方面，老中青教师有效组合，更加趋于合理。在学历层次方面，教师以体育教育专业为主，并且大多数教师具有大专学历，仅有部分年龄较大的教师为中专学历。兼职教师的比例仍然较高，体育教师的数量尚未达到标准的师生配比数,继续教育和培训开展数量不足。

3. 农村小学体育教学硬件设施有了明显改善

由调查结果可知,改善主要集中在学校体育场地方面。但是目前农村小学体育教学硬件设施改善还存在着不平衡和不充分的问题。大多数学校对田径场地和篮球场有着系统的规划,但对于足球、排球、乒乓球、羽毛球等学生们兴趣程度较高、普及基础较好、易于开展的项目场地建设仍显不足。

4. 农村小学体育教学效果得到了明显提高

通过对小学低年级、中年级、高年级3个组,50米短跑、坐位体前屈、1分钟跳绳、仰卧起坐、50米往返跑5个项目的学生体育教学效果进行测试,结果显示,优秀率和良好率有了显著提升,但仍有部分学生体育测试成绩不理想。

5. 在乡村振兴进程中对农村小学体育教学的政策性影响,已取得初步成效

集中体现在体育教学环境和硬件设施的改善,以及师资队伍补充和师资能力提升等方面。

五、体育服务乡村教育的未来趋势

态度是提升体育教学效果的重要因素。在今后的体育教学过程中,继续加强不同群体对于体育教学的重视程度。在管理和执行层面、家校共育方面,师生双方都应形成正确的体育教学认知与态度,有效地促进农村小学体育教学的开展。进一步规范农村体育教师队伍建设,落实政策制度要求,特别是在体育教师岗位和专业建设方面应持续加强。在岗位方面要进一步提高专职体育教师的数量,在体育教师的选聘过程中要坚持体育专业性。在体育教师队伍培养方面,要重视继续教育的作用,提升教师学历水平,提高岗位培训效果,不断促进体育教师的教学水平和能力。

在乡村振兴的进程中,乡村基础设施得到了大力建设,尤其对学校教育的投入逐年加大,在学校体育教学硬件设施保障方面也得到了明显的改善,应进一步加强统筹谋划,围绕着学校的总体规划,按照体育教学的要求和需求,以学生身心健康发展为根本出发点,合理规划建设学校体育教学场地。

在乡村振兴实施的进程中,应充分运用好政策导向,在推进乡村小学体育教学工作全面开展的同时,不断总结有效促进乡村小学体育教学工作的规律和方法,抓住乡村振兴的有利发展时期,推动乡村小学体育教学更好地开展。

第二节 农村老年体育实践

党的二十大指出,实施积极应对人口老龄化战略。面对深度老龄化的社会,全面建设社会主义现代化国家,最艰巨、最繁重的任务仍然在农村。当前,在乡村振兴的全面推进中,要积极构建适应农村老龄社会和长寿时代要求的新生活方式。体育在精准扶贫、助力脱贫攻坚时期就已经发挥了促进身心健康、丰富精神文明和物质文明的作用。在乡村振兴的全面发展时期,体育将继续在满足农村老年人体育活动需要,进一步构建农村老年人健康幸福的生活方式中发挥应有的作用。

本节将对农村老年人体育活动开展现状进行研究分析,以期促进和改善农村老年人的体育活动行为,在全面推进乡村振兴的背景下,为进一步做好农村老年人体育活动的开展提供理论依据。

一、农村老年人体育活动开展基本现状

(一)农村老年人对体育的态度

对体育重视程度的调查,可以反映出农村老年人对于体育的态度。

在农村老年人对体育重要程度的认知方面,调查结果显示:认为体育很重要的有107人,占比23.99%;认为重要的有136人,占比30.49%;认为一般的有105人,占比23.55%;认为无关紧要的有98人,占比21.97%(表4.9)。

表4.9 农村老年人对体育的重视程度

	很重要	重要	一般	无关紧要
人数	107	136	105	98
占比	23.99%	30.49%	23.55%	21.97%

(二)农村老年人对体育常识的掌握情况

对于体育常识的掌握,是评价农村老年人体育综合素养的一项指标,也能反映出农村体育知识普及的力度、广度和深度。

调查结果显示:对体育常识非常清楚的有7人,占比1.57%;清楚的有31人,占比6.95%;较清楚的有291人,占比65.25%;不清楚的有117人,占比26.23%(表4.10)。

第四章 体育服务乡村教育与健康的实践探索

表4.10 农村老年人对体育常识的掌握情况

	非常清楚	清楚	较清楚	不清楚
人数	7	31	291	117
占比	1.57%	6.95%	65.25%	26.23%

（三）农村老年人参与体育活动的动机

动机是引发人从事某种行为的力量和念头，是由特定的需要引起的，以满足各种需要的特殊心理状态和意愿，是直接推动个体进行活动的内部动因或动力。

根据农村老年人参与体育活动的动机调查结果，并按照占比从高到低依次排序，具体情况是：选择锻炼身体的有321人次，占比71.97%；选择休闲娱乐的有275人次，占比61.66%；选择预防（治疗）疾病的有196人次，占比43.95%；选择陪伴孩子的有78人次，占比17.49%；选择村里组织活动的有67人次，占比15.02%；选择其他的有26人次，占比5.8%（表4.11）。

表4.11 农村老年人参与体育活动的动机

动机	人次	占比	排序
锻炼身体	321	71.97%	1
休闲娱乐	275	61.66%	2
预防（治疗）疾病	196	43.95%	3
陪伴孩子	78	17.49%	4
村里组织活动	67	15.02%	5
其他	26	5.8%	6

（四）农村老年人参与体育活动的次数与时长

以周为单位对农村老年人参与体育活动的次数、每次活动的时长进行调研分析，在参与体育活动次数方面的调查结果显示：1～2次的有208人，占比46.63%；3～5次的有117人，占比26.24%；6次或以上的有72人，占比16.14%；其他情况的有49人，占比10.99%（表4.12）。

表4.12 农村老年人参与体育活动的次数（以周为单位）

	1～2次	3～5次	6次或以上	其他
人数	208	117	72	49
占比	46.63%	26.24%	16.14%	10.99%

在每次参与体育活动时长方面的调查结果显示：30分钟以内的有101人，占比22.64%；30~60分钟的有177人，占比39.69%；60~90分钟的有97人，占比21.75%；90分钟以上的有39人，占比8.75%；其他情况的有32人，占比7.17%（表4.13）。

表4.13　农村老年人参与体育活动的时长

时长	人数	占比	排序
30~60分钟	177	39.69%	1
30分钟以内	101	22.64%	2
60~90分钟	97	21.75%	3
90分钟以上	39	8.75%	4
其他情况	32	7.17%	5

二、农村老年人参与体育活动的项目选择

调查结果显示，农村老年人参与体育活动的项目主要有：健身走（跑）、篮球、乒乓球、羽毛球、健身路径（器械类）、广场舞等。

按照选择人次从多到少依次是：健身走（跑）共有361人次，占比80.94%；健身路径（器械类）共有352人次，占比78.92%；广场舞共有247人次，占比55.38%；乒乓球共有112人次，占比24.03%；篮球共有73人次，占比16.36%；羽毛球共有51人次，占比11.43%；其他项目共有21人次，占比4.71%（表4.14）。

表4.14　农村老年人体育活动项目选择情况

项目	人次	占比	排序
健身走（跑）	361	80.94%	1
健身路径（器械类）	352	78.92%	2
广场舞	247	55.38%	3
乒乓球	112	24.03%	5
篮球	73	16.36%	6
羽毛球	51	11.43%	7
其他项目	21	4.71%	8

三、农村老年人参与体育活动的区域选择

由调查结果可知，农村老年人参与体育活动的区域主要集中在乡村田间、

村文体广场、篮球场、自家庭院、小型体育场馆。在调查走访的过程中,由于体育助力脱贫攻坚和乡村振兴建设的帮扶援建,在部分乡镇政府所在地的行政村、乡镇中心学校都建有小型体育场馆和笼式足球场,能够满足室内篮球、羽毛球、乒乓球、器械训练及户外足球运动的开展。

在体育活动区域选择方面,按照占比从高到低依次是:在乡村田间的有 311 人次,占比 69.73%;在村文体广场的有 256 人次,占比 57.39%;在自家庭院的有 178 人次,占比 39.91%;在小型体育场馆的有 112 人次,占比 25.11%;在篮球场的有 137 人次,占比 30.71%;在其他区域的有 16 人次,占比 3.58%(表4.15)。

表 4.15 农村老年人参与体育活动的区域

区域	人次	占比	排序
乡村田间	311	69.73%	1
村文体广场	256	57.39%	2
自家庭院	178	39.91%	3
小型体育场馆	112	25.11%	4
篮球场	137	30.71%	5
其他区域	16	3.58%	6

四、农村老年人体育消费的有关情况

农村老年人在参与体育活动的过程中会产生体育消费行为。

农村老年人在体育消费方面的情况,由调查结果可知:有 289 人不会专门进行体育消费,占比 64.79%;有 157 人会进行体育消费,占比 35.21%(图 4.2)。

图 4.2 农村老年人是否会进行体育消费情况分析

对 157 名会进行体育消费的农村老年人的具体消费内容进行调查,结果显示:其消费主要集中在运动鞋、消耗性体育器材和其他方面,分别占比 39.49%、47.13%、13.88%(表 4.16),消费水平为每人年均 100 元。

表 4.16　农村老年人体育消费的主要内容

进行体育消费主要内容	人数	占比
购买运动鞋	62	39.49%
购买篮球、羽毛球、乒乓球等消耗性体育器材	74	47.13%
其他方面	21	13.38%

五、农村老年人参与体育活动的制约因素

制约是指若一种事物的存在和变化,以另一种事物的存在和变化为条件,那么前者为后者所制约。农村老年人参与体育活动的制约因素,是影响他们选择体育活动的主要原因。

由调查结果可知,制约农村老年人参与体育活动的因素,从高到低依次排序是:选择田间劳动就是体育活动的有 131 人,占比 29.37%;选择没有体育活动习惯的有 105 人,占比 23.54%;选择害羞不好意参与体育活动的有 61 人,占比 13.68%;选择身体健康状态不适合体育活动的有 52 人,占比 11.66%;选择没有时间参与体育活动的有 34 人,占比 7.62%;选择体育设施不足的有 29 人,占比 6.51%;选择不会体育活动的有 18 人,占比 5.61%;选择其他的有 9 人,占比 2.01%(表 4.17)。

表 4.17　农村老年人参与体育活动的制约因素

制约因素	人数	占比	排序
田间劳动就是体育活动	131	29.37%	1
没有体育活动习惯	105	23.54%	2
害羞不好意思参与体育活动	61	13.68%	3
身体健康状态不适合体育活动	52	11.66%	4
没有时间参与体育活动	34	7.62%	5
体育设施不足	29	6.51%	6
不会体育活动	18	5.61%	7
其他	9	2.01%	8

六、农村老年人体育活动开展现状的启示和建议

(一)农村老年人体育活动开展现状的启示

在实现全面脱贫之后,进入乡村振兴时期,皖北地区农村老年人对体育活动的重视程度,与之前的研究结果相比,有了显著的变化,农村老年人对体育活动的重视程度普遍提高,认为体育活动非常重要和重要的总比例是54.48%,但是仍有23.54%的农村老年人认为其重要性一般,21.97%的农村老年人认为体育活动无关紧要。

调查结果显示,皖北地区农村老年人参与体育活动的动机呈现出多样性。总体表现为三个方面:一是以身体健康为动机,这是体育促进农村老年人身心健康的重要体现;二是以闲暇娱乐休闲为动机,这是体育丰富农村老年人闲暇生活,提高乡村生活质量,提升精神文明的重要体现;三是以照顾家中孩子为动机,在陪伴孩子进行户外活动的时候,将体育活动作为农村老年人与孩子共同锻炼身体的活动。这既是体育在乡村振兴中,促进生态宜居的一种表现,也是体育的娱乐、健身、教育功能的重要体现。同时,随着乡村振兴的全面推进,村集体组织也在积极开展各种文化体育活动,推动乡风文明建设,引导着更多的农村老年人关注、了解体育,参与体育活动。

在皖北地区农村老年人参与体育活动的制约因素中,依然有人认为田间劳动就是体育活动,占比29.37%,这是排在首位的制约因素。其次是没有体育活动习惯、不会体育活动等,归根到底都是由于农村老年人在少年时期,当时乡村体育知识缺失、体育资源匮乏、体育工作滞后等,导致他们形成了对体育的错误认知。此外,在其成年之后的乡村生活中,又没有及时获得体育健康知识,从而形成了上述这些制约因素。害羞不好意思参与体育活动、身体健康状态不适合体育活动、体育设施不足这3个制约农村老年人参与体育活动的因素表明,虽然目前已全面进入乡村振兴时期,但是部分农村老年人参与体育活动的思想不够开放,乡村中的体育健身和体育活动氛围不够活跃,对体育活动的作用、功能等知识的宣传引导不足。在体育活动设施器械规划和建设方面,与农村老年人的实际需要还有较大差距。此外,由于乡村缺乏专业的体育活动组织人员和指导人员,造成"体医结合"不充分、发挥体育康复保健的健康作用不够等问题,导致部分农村老年人因身体健康的原因没有参与到体育活动中来。

皖北地区的农村老年人,每周参与体育活动的次数以1~2次居多,每次锻炼的时间大多在30~60分钟。在体育活动区域的选择上,主要有两种类型:一是乡村田间和自家庭院;二是篮球场、小型体育场馆、村文体广场等体育专业区域。此外,还有部分行政村区域中的小学内的运动场也是农村老年人参与体育

活动的区域。

在体育活动项目的选择方面,皖北地区农村老年人主要选择简单易行的健身走(跑)和健身路径(器械类)。乒乓球、篮球、羽毛球这些普及性高的体育活动项目,也是农村老年人经常选择的。在访谈的过程中,我们了解到农村老年人在进行球类活动中,并不完全按照竞技规则,主要以身体活动和趣味性为主。广场舞也是农村老年人经常选择的体育活动。皖北地区农村老年人的体育消费意识不强,几乎不会专门进行体育方面的消费。

(二)农村老年人体育活动开展现状的建议

党的二十大指出,实施积极应对人口老龄化战略。据了解,截至2021年底,我国60岁及以上老年人口达2.67亿,占总人口的18.9%。到2035年左右,60岁及以上老年人口将突破4亿,在总人口中的占比将超过30%,我国将进入重度老龄化阶段。从党的十九大提出"构建养老、孝老、敬老政策体系和社会环境,推进医养结合,加快老龄事业和产业发展",到党的十九届五中全会提出"全面推进健康中国建设"重大任务,一系列重大举措都蕴含了健康老龄化的理念。农村老年人体育活动开展的意义重大,既是落实党的二十大实施积极应对人口老老龄化战略的具体内容,也是服务农村老年人身心健康、快乐幸福生活的具体内容,更是乡村振兴建设的必然要求,应持续高度重视。

在推动农村老年人体育活动开展方面,应重视动机和行为之间的关系。从动机的角度来看,目前农村老年人对于体育常识掌握的情况不理想,对体育知识的掌握非常匮乏,直接表现为对体育的重要程度认识不够,甚至存在着明显的错误认识。从行为的角度来看,由于农村老年人缺乏正确的体育知识,没有参与体育活动的合适动机,严重影响了农村老年人参与体育活动的积极性,针对这样的现状,应重视对正确体育态度的培养,促进参与体育活动正确动机的养成。随着乡村振兴的全面推进,在文化体育建设方面,应建立系统的培训和培育体系,特别是针对目前农村老年人对体育活动的认知现状,采取有效的方法,从体育知识讲座、体育活动指导、体育意识培养、体育服务拓展等方面,逐步促进农村老年人主动参与体育活动的积极性,转变参与体育活动的态度,积极参与体育活动,丰富晚年生活。

加强对农村老年人参与体育活动的指导,在农村老年人参与活动次数、每次活动的时长及体育活动内容方面,要进一步突出科学性、有效性、多样性,要符合农村老年人的身体健康状况,满足农村老年人身心健康的需要。体育活动的科学安排、效果突出、内容多样,既是农村老年体育发展的目标,也是农村老年人参与体育活动的基本要求。要在乡村振兴深入推进的过程中,重视乡村基层体育组织的建设,配备乡村体育指导人员,让乡村体育活动的开展,成为农村老年人幸福健康生活的新方式。

全面推进乡村振兴建设，特别是在乡风文明、生态宜居方面，应着重考虑体育活动在实现村庄文明、构建生态宜居方面的重要作用。在新一轮村庄"多规合一"的规划编制中，加强体育健身设施和体育活动区域的规划和设计，既要体现出美丽乡村的体育特色，又要结合体育活动的内容，统筹考虑体育场地的建设布局。只有具备完善的体育活动空间，才能让农村老年人更多地参与体育活动，满足农村老年人体育活动的需要。

在农村老年人体育活动项目的选择和设计环节，可以根据农村老年人参与体育活动的兴趣爱好、村庄所在区域的特点、传统体育文化的传承情况，并结合他们的身体健康状态，既要继续普及和推广受农村老年人喜爱、社会普及度广的项目，又要通过简化活动规则，降低活动难度，弱化竞技对抗性，突出健康身心的作用和娱乐趣味性，设计创新出更多适合农村老年人的体育活动，满足广大农村老年人参与体育活动的需要。

乡村振兴将推动着乡村社会的进步，乡村社会经济和文化必将得到迅速发展，乡村生活会越来越美好。目前，农村老年人的体育消费环境、意识及体育消费的实力和能力，都处于初步发展时期。但是，对于未来乡村体育产业市场的培育及乡村体育消费的研究应予以充分重视。现在，农村老年人已经产生了体育消费的实践行为，相比过去有了很大进步。未来，随着乡村体育活动的蓬勃开展，乡村社会快速发展，农村老年人的体育消费观肯定会发生改变。未来的乡村社会将具有广阔的体育消费空间，蕴含着极其丰富的乡村体育产业潜能，在全面建设中国式现代化的进程中，应做好乡村体育产业发展和体育消费模式的顶层设计，构建乡村振兴背景下的农村体育经济发展新模式。

第三节　体育院校服务农村老年体育教育的探索

《中国人口老龄化发展趋势预测研究报告》指出，在未来很长一段时间，我国将处于老龄化社会。党的二十大明确了新时代、新征程要实现中国式现代化，提出实施积极应对人口老龄化的战略，推动实现全体老年人享有基本养老服务。在老龄化背景下做好农村老年教育，是落实人口老龄化国家战略的具体举措。在农村老年教育中，体育教育是重点内容，体育具备促进老年人身心健康、延年益寿的功能，开展老年体育教育可缓解我国人口老龄化带来的问题，尤其是对农村老年人群的效果更加显著。

然而，由于受到经济发展水平和体育认知缺乏等因素的影响，农村地区长期忽视老年体育教育，导致目前农村老年体育教育的开展与老年人对美好健康生活的需要之间仍有较大差距。因此,通过分析农村老年体育教育开展的价值及存在的主要问题,对体育院校如何发挥自身优势服务农村老年体育教育开展进行讨论,以期在老龄化背景下更好地发挥农村老年体育教育的作用,满足农村老年人群幸福健康生活的需要。

一、农村老年体育教育开展的价值

(一)开展老年体育教育,有利于提高农村老年人的生活质量

老年人的生活质量包含老年人的客观生活条件、生活行为及其个体感受,是老年人追求幸福美好的精神需要与物质生活的体现。目前,城市与农村老年人群的生活质量差距,大部分体现在身心素质方面。由于农村老年人缺乏健康保健常识,慢性病和亚健康状态长期影响着他们的生活。在社会交往中,农村老年人在成年之后缺少系统的文化知识再教育,导致他们在闲暇生活中严重缺失良好的社会交往方式,逐渐处于封闭孤独的状态。通过农村老年体育教育的开展,让老年人群从行动上积极接受老年体育教育教学与指导,形成对体育的正确认知,掌握自己喜爱又能够有效提高身心健康的体育活动和体育锻炼方法,积极参与体育活动,增强社会交往,促进身心健康,降低孤独感,有效提高农村老年人的生活质量。

(二)开展老年体育教育,有利于推动农村精神文明建设

思想与身体是人发展的关键,有健康的身体才有饱满的精神状态。目前,我国人民的物质生活水平不断提升,对于精神文化生活的需要也与日俱增。在老龄化背景下,由于老年人群的数量庞大,全面提升农村老年人的精神思想是推动农村精神文明建设的重要抓手。开展农村老年体育教育,既可提升农村老年人的身体健康,也可提升精神文明建设,而且为农村老年人创造了较好的身体基础。毛泽东同志在《体育之研究》一文中指出:"体育一道,配德育与智育,而德智皆寄于体,无体是无德智也。"并指出:"体者,载知识之车而寓道德之舍也。"可见,健康的身体是精神文明之本,这是开展农村老年体育教育、促进农村精神文明建设方面的高度概括。

从体育本质的文化属性分析,开展农村老年体育教育不仅能增强农村老年人的体质,而且在体育活动的过程中也能为他们带来身心愉悦、精神放松的效果,这就是体育提升农村老年人精神状态的重要表现。老年体育更加注重参与性、健身性、娱乐性、趣味性和多样性,淡化竞技性,重在积极参与体育活动,享受身体和精神方面的快乐与获得感。因此,从提振老年人的精神面貌而言,农村老年体育教育有着完整的科学体系,能够从老年人的思想观念、健康生活方

式、文化体育活动参与等方面丰富农村老年人群的精神文化生活,有助于推动农村精神文明建设。

(三)开展老年体育教育,有利于推动农村体育产业发展

近年来,通过体育休闲旅游、乡村体育赛事、体育特色村庄等的建设,尤其是农村绿水青山的自然景色赋予了体育新的功能,形成了绿色体育产业,为促进农村经济的发展提供了一种特色模式。由于农村中青年群体外出务工,留在村里的中青年群体又是农业生产的主力军,这就导致了在农村体育活动开展的过程中,管理、实施、保障等方面的人员匮乏。老年人群是农村人口数量最多的群体,大多数老年人都有充足的闲暇时间和较好的身体状态,是服务农村体育活动开展的宝贵人力资源。但是他们缺乏体育知识和基本体育技能,不知道如何参与到农村体育活动服务之中。这就为开展农村老年体育教育指明了一个方向,通过农村老年体育教育培养农村老年人服务体育活动的能力,在这样的教育中,融入对农村体育产业发展知识的介绍。这既是为农村培养体育产业服务型老年人力资源,也是引领农村老年人群关心支持体育产业建设的有力举措,更是农村老年人群老有所为的具体体现。

(四)开展老年体育教育,有利于拓展农村老年人的生活空间

按照惯例,人们在进入退休生活后,呈现出老年化的生活状态,交际圈逐步缩小,生活空间变得单一。虽然大部分农村老年人以务农为主,不受退休的影响,但是步入老年之后,他们渐渐从农业生产的主力军中退出,也面临着老龄化带来的诸多问题。随着老年人岁数逐年增大,精神空间和现实生活中的孤独感将更加明显,这将严重影响老年人群的晚年生活质量。

开展老年体育教育,通过各种适合老年人群参与的体育教学内容,让老年人学在其中、乐在其中。在体育教学过程中,老年人之间的交流互动、教师与老年人之间的教学互动,都能够有效打开老年人群交流的空间,让老年人不再感到孤独与寂寞。同时,在体育教学活动中所感受到的积极向上和愉悦身心的感觉,又能够有效地提升老年人的精神满足感。此外,在绿水青山环境优美的农村广阔天地中,老年人运用在体育教育中学会的体育休闲健康身心的方法,能感受自然之美,陶冶情操,拓展生活空间,有效地提升了生活质量与幸福感。

(五)开展老年体育教育,能够重塑农村老年人的社会形象

在老龄化的背景下,对于老年人群的关心应是全方位的,老年人的生活质量、精神风貌也是社会形象的展示。老年人群在其壮年时,用勤劳努力与付出

为社会发展作出了巨大的贡献,进入老年阶段之后,最为明显的就是社会形象的转变。大多数农村老年人的社会形象从"农民"转为"村民",没有硬性生产劳动要求,拥有更多的闲暇时光。同时,老年人渐渐地更加依赖子女和社会保障,成为社会和家庭照顾的对象。老年人如果能够很好地适应角色转变,积极面对老年活动,生活质量和幸福感就会增强。否则,则会渐渐与社会脱节、社会交往活动减少、思想趋于僵化、运动机能退化、行动不便甚至疾病缠身,成为家庭和社会的负担。

在农村老年人群中,由于他们对科学健康的老年生活相关知识储备不足和长年的农村生活习惯,进入老年生活以后往往展现出消极的社会形象。开展老年体育教育,指导农村老年人掌握体育锻炼的方法,培养良好的体育意识,让农村老年人在闲暇时间动起来,通过参与老年体育活动,提升精气神,使老年人群精神焕发,获得更多的社会认可,这是提升老年人生活质量的基础。

农村老年体育教育的开展让老年人的闲暇生活变得充实,重塑了农村老年人积极的生活态度,展示了良好的社会形象,为提升农村老年人的生活质量创造了良好的外部环境。

(六)开展老年体育教育,是乡村振兴必不可少的内容

农村老年体育教育是乡村振兴必不可少的部分,能够有效服务乡村振兴的总要求。

在产业发展方面,农村老年体育教育是培养和开发农村老年人力资源的重要途径。

在生态宜居方面,为了保障农村老年体育教育有效开展而进行的体育设施和活动场地建设,也是提升农村人居环境的重要内容。

在乡风文明方面,开展老年体育教育,通过组织体育活动和健康知识讲座等多种形式,对以民俗民间传统体育为代表的传统文化进行传承,既是农村老年人老有所学的内容,也可在移风易俗、传承农耕文明、加强乡风文明建设中发挥作用。

在治理有效方面,通过老年体育教育,在广大农村老年人中,宣扬中华体育精神,用体育的规则意识、公平意识来有效提高老年人尊重法律、遵守制度的意识。

在生活富裕方面,通过开展农村老年体育教育,全面提高农村老年人的身体健康和精神状态,少生病不生病,精神饱满,心态健康,这就是一种生活和精神层面的财富。

二、农村老年体育教育中存在的主要问题

近年来,我国老年教育发展有了明显的进步。《中共中央 国务院关于加强新时代老龄工作的意见》指出,要将老年教育纳入终身教育体系,推动扩大老年教育资源供给,部分地区已经出台了省级层面的老年教育发展规划和老年教育条例,体现出对老年教育工作的高度重视。但是当前的农村老年教育,特别是农村老年体育教育发展明显滞后。

(一)农村老年体育教育重视程度不高

老年教育是服务老年人继续学习而进行的教育活动,它是整个教育事业的组成部分。其目的是使老年人拓展知识、开阔视野、丰富生活、增强体质。

完善我国终身教育体系,农村老年教育的发展任务非常繁重,农村老年体育教育更是薄弱环节。由于受到经济发展水平的制约,农村老年体育教育没有得到应有的重视和发展,农村老年体育教育长期缺少统筹部署、制度保障不够完善、机制体制尚不健全,已经不能适应农村社会发展的需要。

随着物质文化生活水平的不断提高,全社会对老年体育教育服务老年人群身心健康和丰富精神文化生活的作用高度认可,但是农村老年体育教育发展水平还处于较低的状态。

从重视程度方面分析,政府机构、文化教育体育等职能部门以及农村社会都未从根本上认识到农村老年体育的重要性。认为农村老年体育无关紧要,忽略了农村老年体育的发展和农村老年人对体育活动的需求,这进一步影响了农村老年体育教育的发展。

由于缺少对农村老年体育应有的重视,导致农村老年体育教育服务供给严重不足,没有完整系统的政策保障体系,农村老年体育教育发展明显落后。由此带来的结果是,农村老年人群因长期没有接触体育活动,无法感受到体育的价值与作用,也使农村老年人群对体育产生消极的态度。

(二)满足农村老年体育教育开展的条件不够

我国农村老龄化水平比城镇老龄化水平高,这种情况将会在今后一段时期内持续存在。由于城乡之间的经济发展水平、闲暇生活习惯、体育场地设施等方面的差距,直接影响着农村老年体育教育工作的开展。

早在1996年出台的《中华人民共和国老年人权益保障法》就指出,老年人有继续受教育的权利,把老年教育纳入终身教育体系,鼓励社会办好各类老年学校,各级人民政府对老年教育应当加强领导,统一规划,加大投入。

但是与义务教育不同,老年体育教育不具有强制性,在农村老年体育教育

开展经费等方面没有保障,老年体育教育教学的设施场地严重不足。近年来,随着农村整体经济水平的提升,特别是全面推进乡村振兴战略,部分经济较好且体育工作发展有基础的农村地区,围绕着开展农村老年体育教育进行了探索,但是可供借鉴和推广的模式尚未形成,这些因素制约着农村老年体育教育的有效开展。

(三)农村老年人对体育教育的自我认识不足

价值和需要是推动一个事物在社会中存在并发展的关键。体育对于老年人的价值和老年人对体育的需要,是老龄化背景中体育服务老年社会的根本所在。体育对于老年人有益的价值,以及老年人对获得健康幸福、精神愉悦的途径的把握,直接反映出老年人对体育的认知度。如果对体育缺乏准确的认知,体育的重要作用与价值难以有效发挥,会使农村老年体育教育缺乏发展的空间和动力。因此农村老年人对体育教育的自我认知不足,是制约农村体育教育开展的主要因素。

产生这样因素的原因很多,最主要的还是农村体育教育的自身问题。以当前60岁这一代农村老年人为标准,他们在童年接受学校教育时期,因农村各方面水平都很低,无法从小接受良好的体育教育,也未养成终身体育行为和习惯。这就是现在的农村老年人对体育的认知水平低和对体育价值没有充分认可的根本原因。

(四)老年体育教育师资队伍匮乏

农村老年体育教育在服务老年人的过程中,需要有效的纽带把老年体育价值和农村老年人的需要连接起来。这个纽带就是农村老年体育教育师资队伍。农村老年体育教育能否开展好,老年人的需要是否能够满足,前提是要有一支完善的农村老年体育教育师资队伍。

老年体育教育需要通过体育教师队伍来进行具体的教学辅导,以满足老年人群对体育休闲活动和健康生活的需要。发展农村老年体育教育,需要建设一支能力强、专业化、热情高、服务好的师资队伍。

目前,农村大部分地区都缺乏老年体育教育专业的师资队伍。部分农村文化体育基础较好的区域,基本都是农村体育骨干、社会体育指导员、乡村体育教师贡献着自己的力量,在节假日期间进行简单的文化体育活动指导。当前,农村体育教育师资力量匮乏已经成为直接影响农村体育教育的因素。

三、体育院校资源服务老年体育教育的有效途径

在老龄化的背景下,我国的老年教育工作稳步推进,老年教育实现了加快

发展,有力地促进了"老有所教、老有所学、老有所乐、老有所为"目标的实现。由于农村老年教育基础差,特别是在农村老年体育教育方面更显薄弱,面对现代化农村建设的发展和农村老年人健康生活的需要,在人口老龄化的背景下,亟需让农村老年体育教育快速服务于农村老年人群,而通过体育院校资源促进农村老年体育教育的开展是一条有效的路径。

(一)发挥体育院校特色,促进农村老年教学点体育教育的开展

农村老年教学点一直在农村老年教育方面发挥着重要作用,是满足老年人精神文化生活需求的重要平台。

体育院校肩负着培养体育专业人才、加强体育科学研究和服务经济社会发展的主要职能,应充分承担农村地区建设发展的使命,积极帮助农村老年人通过体育教育,获得体育知识,满足他们健康生活的活动需要。体育院校应发挥专业特色、体育和教育的办学优势,为农村老年人的体育活动开展提供体育人才、体育文化和体育技术支持。这也是体育院校融入农村,服务农村社会发展的生动实践。

在体育院校服务农村老年体育教育开展的过程中,要积极主动地将特色专业同农村老年教学点进行有效对接,从课程设置、体育设施建设规划、师资队伍组建等方面为农村老年教学点体育教育的开展提供精准指导。在课程设置方面,按照农村老年人的身心特点合理制定方案;在体育设施方面,根据农村的实际情况提出设施建设规划意见;在师资队伍方面,可以采取支教、下乡、帮扶等具体措施为农村老年体育教育组建师资团队。

此外,体育院校教师队伍具备专业的体育教学科研能力,能够充分地对农村老年人的体育教育进行科学研究,以服务于农村老年体育教育的开展,并为农村老年体育教育的开展提供科研支持。

(二)发挥体育院校作用,培养农村老年体育教育骨干力量

农村老年体育教育骨干是指愿意在农村服务老年体育教育,积极满足农村老年人群的体育健康文化生活需要的志愿服务人员。农村老年体育教育骨干是农村社会中老年人体育知识技能获得和组织体育活动的关键力量,只有不断壮大农村老年体育教育骨干力量,才能更好地让体育功能惠及更多的农村老年人。

体育院校在促进农村老年体育教育骨干力量快速提升方面具有优势,体育院校每年都有大量优秀的体育相关专业毕业生进行实习,可以组织这部分学生进行农村老年体育教育专项实习,让学生在即将毕业进行社会服务之前深入农村一线,从思想和实践两个方面切实了解农村体育教育的现状。从体育院校学

生培养的角度出发,抓实立德树人的根本任务,进行德、智、体、美、劳五育并重的具体实践。

体育院校也可以定期组织农村老年体育教育骨干人员进行培训,创新体育院校在农村老年体育教育骨干方面培养的新机制,加强体育院校与农村老年教学点、村民服务中心的合作,采取送培训到农村和选骨干进体育院校的双向培养模式,为农村输送老年体育教学骨干人才。

体育院校还可以通过组织体育专家定期到农村进行老年体育教育"走教";组织体育教师进行农村老年体育教育"支教";组织有意向服务老年体育教育事业发展的退休体育教师,到农村开展体育教育的"从教"。培养带动农村"五老"人员投身老年体育教育管理服务中,打造一支既有高校体育专业支持,又有农村特色的体育教育骨干队伍。

(三)发挥体育院校职能,提升农村新时代文明实践中心的体育教育作用

农村新时代文明实践中心是基层群众精神文化生活的新阵地,其建设要坚持以群众需求为导向,打造思想建设的"主阵地"、文化建设的"主战场"、文明传播的"主渠道",不断提升群众获得感和幸福感。

体育院校要主动发挥自身服务社会建设发展的职能,运用自身体育和教育的专业优势,突出体育文化特色,帮助农村新时代文明实践中心丰富实践内容,特别是以体育为特色的实践内容。

在服务农村老年体育教育中,体育院校要突出农村新时代文明实践中心的平台作用,通过老年体育教育教学、体育活动开展、老年健康知识讲座等,打通宣传群众、教育群众、关心群众、服务群众的"最后一公里"。

依托农村新时代文明实践中心的示范带头作用,积极开展高校帮扶结对,组织体育院校党员师生,在开展服务农村老年体育教育的过程中,面向农村老年人群,开展常态化文明实践志愿服务。

(四)利用体育院校资源,推动农村老年体育教学活动开展

农村老年体育教学活动的开展,是农村老年体育教育的具体内容。通过开展农村老年体育教学活动,使农村老年人在现实生活中能够坚持参与体育锻炼和活动,达到身心健康和精神愉悦的效果。

农村老年体育教学活动的开展,要遵循老年体育的规律,虽然在老年体育教育的过程中,已经对老年人进行了体育知识的讲解,但是活动的开展还是要有专业的人员组织实施。从活动项目的选择、活动组织与实施、运动量负荷的控制等多个方面,让农村老年人在快乐参与的同时,有效提高身心健康水平。

体育院校可以发挥自身优势,帮助农村地区开展形式多样、内容丰富的文化体育活动。在农村老年体育教学活动的组织实施中,应密切关注体育院校师生与农村老年人群之间的互动交流,加强体育文化知识宣传,吸引更多的农村老年人广泛加入到农村老年体育教育队伍中。同时,通过体育院校的资源帮扶,农村老年体育教育活动的开展,推动更多的农村基层老年体育教育教学点建立,扩大体育教育对农村老年人的服务面。

(五)发挥体育院校网络教育优势,创新线上体育教育模式

随着农村基础设施的完善,互联网技术已经在农村普遍使用,体育院校在进行农村老年体育教育的过程中,可以依托线上教学的优势,挖掘教育资源,将更多适合农村老年体育教育的内容,迅速及时有效地呈现在老年人的面前,不断满足农村老年群体对体育教育多样化、个性化的学习需求。

体育院校可以根据不同地区农村老年体育教育开展的实际需要,因地制宜地选用一批适合农村老年体育教育的精品课程和优秀教材,采取线上线下相结合的方式,充分利用多媒体信息教学技术,开展体验学习、远程学习,实现优质学习资源合理配置,扩大农村老年体育教育资源供给,推进实施"互联网+老年体育教育"。农村老年体育教育的线上教学模式,是教育现代化运用在农村老年体育教育的体现,可有效促进老龄化背景下农村老年体育教育的全面发展。把老年体育教育作为体育院校助力农村体育工作的重点,完善农村老年体育教育服务体系,逐步建立和完善老年体育教育教学网络学习平台。

老年体育教育的本质是教育,教育的本质是推动人的全面发展。中国正在朝着实现现代化强国的目标发展,乡村必须要实现振兴,在人口老龄化背景中,不断提升农村老年人健康幸福的生活状态是乡村振兴的应有之义。开展农村老年体育教育,丰富农村老年群体文化体育生活,是实现老有所为、老有所乐的有效途径。

由于历史发展的客观原因,农村老年体育教育发展缓慢,离实际需要差距很大。在新时代、新征程中,必须要实现跨越式发展,才能发挥老年体育教育在人口老龄化日益严重、全面推进乡村振兴、建设社会主义现代化美好农村中的重要作用。

利用体育院校资源帮助农村开展老年体育教育,是一条有效推动农村老年体育教育跨越式发展的重要路径。体育院校应该在老龄化背景下加强农村老年体育教育研究,承担服务社会的责任,助力乡村建设发展,深入探究在新时代、新征程中我国农村老年体育教育的主要目标、发展方向和具体路径,为农村老年体育教育的发展提供有益的模式。

第四节　体育对农村老年人慢性病预防和康复的作用

按照国际标准,60岁以上人口占总人口的比例达到10%,或65岁以上人口占比达到7%,即为老龄化社会。2022年国家卫生健康委员会在新闻发布会上表示:预计在"十四五"时期,60岁及以上老年人口总量将突破3亿,占比将超过20%,我国将进入中度老龄化阶段。到2035年左右,将进入重度老龄化阶段。

《中国老龄化研究报告2022》分析指出,我国人口老龄化趋势将呈现五个特点。

一是老年人口规模庞大。2020年我国65岁以上老龄人口达到1.91亿,占总人口的比例为13.5%,全球每4个老年人中就有1个中国人。预计到2057年,我国65岁以上人口将达到4.25亿人的峰值,占总人口的比例为32.9%~37.6%。

二是老龄化速度快。2001年,我国65岁以上人口超过7%,标志着我国进入老龄化社会,又经过20年的时间,即2021年步入深度老龄化社会,65岁及以上人口占比超过14%,时间短于法国所需的126年、英国所需的46年、德国所需的40年。

三是高龄化、空巢化问题日益突出。2020年我国80岁及以上人口达3660万,预计2050年将增至1.59亿,高龄老人可能面临更为严峻的健康问题,空巢老人和独居老人的增长将弱化家庭养老的功能。

四是老年抚养比大幅上升,养老负担加重。2020年老年抚养比为19.7%,预计2050年突破50%,意味着每2个年轻人需要抚养1位老人。抚养老人和养育小孩的成本高昂,年轻人两头承压。

五是未富先老。我国人均GDP接近发达经济体下限,但我国的老龄化程度已经超过中高收入经济体,我国将面临经济增长和养老负担的双重压力。

在老龄化背景中,我国农村老年人是一个数量庞大的群体。从健康老龄化的层面来看,农村老年人的身体健康质量是一个需要高度重视的问题。特别在全面推进乡村振兴的过程中,农村老年人口的身体健康质量是乡村振兴战略实施的主要内容。从体育服务乡村振兴、促进人的全面发展、提高人的健康水平的层面来看,应该充分发挥好体育"治未病"的作用,强化"体医结合",促进全民健身与全民健康深度融合。《"健康中国2030"规划纲要》针对老年人群提出了"健康老龄化"的概念,要达到此目标,体育健身与医疗手段的结合是重要途径。

"体医结合"或"医体结合",是指运动医学、保健体育、康复医学、医学营养、健康评估、运动处方等众多知识的集合，体育和医学相互补充、相互渗透、相互促进。良好的体育习惯可以改善患病情况，可以解决在医疗卫生中解决不了的问题，特别在预防疾病方面，可以有效提高人民群众的身体素质。

这里我们着重从体育和医学结合的角度，围绕着服务农村老年人身体健康方面，来谈谈实际开展的有关工作和研究。

要想解决老龄化社会的健康养老问题，需要体医康养多方融合，"体医结合"这个概念并不复杂，且切实可行。"体医结合"是一种针对中国老年人的健康管理和疾病管理的模式，通过医学诊断与体育运动相结合，为老年人进行健康评价并设定合适的运动量，在医学带来的安全保障的基础上通过运动改善身体状况，辅助疾病的治疗。比如，中华医学会曾给老年冠心病患者发放过一份运动指南，建议冠心病患者通过合理的运动提升自身的生活能力和抗病能力。与以往的观念不同，运动代替卧床的方法势必掀起养老文化的观念创新。

其实，运用体育和医学相结合的方式就是利用医学专业知识为不同的老年人制定不同强度和运动量的运动计划，实现精准化运动。然而，这里的运动只是一种理念，老百姓真正需要的是细化的标准。打个比方，有人告诉你要按时吃饭，但是同时也要告诉你该怎么吃。在城市老年人的生活中，"体医结合"已经见到了成效，老年人的疾病管理得到了很大的改善。有报告说"体医结合"带来的是呼吸病患者医疗费用50%的下降，在减轻患者家中负担的同时，通过运动也显著安抚了患者的情绪，缓解了患者的病情。

另外，孤独是老年人在社会生活中的典型特点。在这方面，体育锻炼是一个很好的办法，能够有效缓解老年人的孤独感，并且在体育活动的过程中，融入健康保健的方式，可以体现出体育对老年人身体健康的促进作用。

在农村社会中，老年人口基数大，而且相对城市老年人而言，在健康保健方面具有明显的差距和不足。一是缺乏健康保健的理念，二是卫生健康意识淡薄，三是缺失身体健康的自我评价能力，四是欠缺运用体育运动来弥补健康质量的知识。

体育和医学，是人体健康的两翼。人如果出现了身体疾病，需要通过医学来恢复到正常状态，这发挥了医学这一翼的作用。人在正常状态，可以通过体育使身体变得更加强壮，这发挥了体育另一翼的作用。对于人的健康而言，医学和体育这两翼缺一不可，它们共同保护着人的健康。在促进农村老年人身体健康、有效进行慢性病筛查和干预的过程中，为真正发挥"体医结合"的作用，需满足老龄化社会中农村老年人口身体健康的需要并改善老年生活质量。

从2019年开始，我就同中国科学技术大学附属第一医院、安徽医科大学卫生管理学院、安徽省老年医学研究所的专家和学者们一起组成了研究团队，围绕着"体医结合"保障农村老年人口健康这个方面，进行了相关研究的准备工作。2020年,当我去皖北地区驻村工作之后,将"体医结合"作为巩固拓展脱贫攻坚成果和乡村振兴有效衔接的具体工作内容之一,既深入乡村一线做好了相关研究工作,又将体育和医学工作服务农村群众身心健康付诸实践。

在整体研究框架中,一个典型的方向就是通过有效的体育方式筛查和改善农村老年人认知障碍和肌少症的研究。在此,通过对这个研究进行总体介绍,来试图简洁明了地体现出"体医结合"的重要意义和现实作用。

认知是机体认识和获取知识的智能加工过程,涉及学习、记忆、语言、思维、精神、情感等一系列心理和社会行为。认知障碍指与上述学习、记忆以及思维有关的大脑高级智能加工过程出现异常,从而引起严重的学习、记忆障碍,同时伴有失语或失用、失认或失行等改变的病理过程。老年人通常会因为认知障碍进一步导致疾病的产生,而且严重影响老年人的生活质量。

肌少症是肌肉减少症的简称,是指因持续骨骼肌量流失、强度和功能下降而引起的综合征。骨骼肌是人体运动系统的动力,肌肉的衰老和萎缩是人体衰老的重要标志,非常容易引起骨折以及关节损伤等问题。患有肌少症的老年人站立困难、步履缓慢、容易跌倒骨折。肌少症还会影响器官功能,并且有研究表明肌少症和老年痴呆症有着密切的关联。

在农村老年人口中患有肌少症的潜在人群有很多,并且由于自我识别度不够,没有明显的临床表现,没有疼痛、发热、出血等明显症状,因此人们常常把它误认为年老的自然现象而忽视。这就为农村老年人的健康留下了很大的隐患,等到由肌少症导致了严重的后果时,如有了老年痴呆症的表现时才引起重视,但是这个阶段的治疗效果往往不佳。

针对这一现象,我们从三个方面进行了研究。第一个方面是试图找寻一个通过体育测试的方法,有效筛查出早期认知障碍和肌少症的症状。第二个方面是试图对已经患有认知障碍和肌少症的老年人群,进行体育运动康复干预,以期有效恢复这部分老年人群的身体健康水平。第三个方面是试图提前进行体育运动干预,产生较好的防病效果,对普通农村老年人进行有针对性的体育锻炼,增强肌肉强度,减缓肌肉退化的速度,从而有效预防肌少症的出现以及因此带来的老年性疾病。

目前,针对上述三个方面,我们已经开始了具体的研究,并且形成了阶段性成果。在此,对两个具有代表性的相关研究的主要内容进行介绍,以此体现出"体医结合"的研究过程和具体服务农村老年人群的实例。

第一项研究的情况是:2019年,我与安徽医科大学卫生管理学院合作开展"安徽省老年人慢性病经济负担与行为可控性研究",在安徽省范围内对5000名以上的老年人进行了系统调查,其中包括身体功能与认知障碍的相关性研究。研究团队针对认知障碍构建了筛查模型,希望能够通过包括身体功能在内的多项指标提高认知功能障碍筛查工具的预测效果。这样的筛查不需要承担任何费用,并且是无创的,对身体没有任何伤害。在研究过程中,我带领体育学团队,围绕着认知障碍的典型症状和敏感指标方面,在已有的体育动作中进行反复筛选,并对拟选定的体育动作进行技术细节调整,经过体育学和医学两个团队的通力合作,在不断地构建和验证的过程中,最终经过研究,我们发现通过上肢功能(握力)和下肢功能(自测下蹲能力)所构建的模型,在预测轻度认知障碍方面有显著的表现。最终,预测模型有助于卫生工作者早期识别轻度认知障碍,从而支持早期干预以降低老年人未来患老年痴呆症的风险,特别是在乡村地区,对于老年人而言是非常有效且容易开展的预测方式。

  第二项研究的情况是:在第一项研究的基础上,2021 年,我代表安徽体育运动职业技术学院在阜阳市临泉县驻村期间,同中国科学技术大学附属第一医院、安徽医科大学卫生管理学院、安徽省老年医学研究所 4 个单位的专家和学者们制定了具体研究方案,围绕农村 60 岁以上老年人以肌少症为主的慢性病开展公益筛查活动,并根据筛查结果制定运动康复方案。在每年公益筛查活动结束之后,由我带领的体育团队根据筛查结果,在本研究医学团队的医学指导和监督中,具体制定老年人体育运动活动的方式,并进行预防和康复训练。这既是一次理论和实践相结合的有益研究,也是将研究成果用于服务农村老年人群健康生活、提高生活质量的具体体现。通过研究的具体开展,让农村老年人的健康体检和慢性病筛查常态化,能够有针对性地将"体医结合"的研究成果转化为促进农村老年人身体健康的力量。同时,也应对农村老年人进行健康知识和体育锻炼保健知识的推广与普及,让农村老年人主动选择体育运动作为其提高身体健康的手段与方式,让他们懂得如何科学有效地选择适合自己的运动。并且,在这样的研究和实践过程中,将理论研究运用到实践中,然后通过具体的实践检验和验证后再上升为更完善的理论,将有效地指导"体医结合"的科学开展和推广普及。

  目前,上述两个具体研究以及与此有关的"体医结合"促进老年人身心健康的研究正在持续进行。可喜的是,经过近年来体育学和医学专家学者们的积极配合与深入研究,尤其是经过我们团队的不懈努力,已经获得了阶段性成果。此外,通过近年来在乡村振兴一线的推广、宣传和实践,目前在医学监督和诊断的基础上,通过体育运动提高或者恢复身心健康、提升身体素质的功能与作用,被越来越多的老年人接受,并积极地参与到体育锻炼的队伍中来。上医治未病——体育运动是最好的方式。"体医结合"不仅仅被老年人接受,也被更多的人接受。

第五章　体育服务乡村建设的实践探索

上一章介绍了体育服务乡村教育与健康两个方面的具体实践探索。本章主要从体育功能、体育院校资源、体育基础设施建设以及传统体育文化对乡村振兴建设等方面的实践探索进行介绍。

第一节　乡村振兴中体育功能的主要体现

在全面建成小康社会之后,实现巩固拓展脱贫攻坚成果同乡村振兴有效衔接是党中央最关心的一件大事。安徽省各级各部门坚决贯彻落实以习近平同志为核心的党中央决策部署,聚焦"守底线、抓衔接、促振兴",认真落实"四个不摘"要求,做到了组织领导有力、成果巩固有力、工作衔接有力、全面振兴开局有力。

在实施乡村振兴战略的关键时期,特别是开局阶段,充分认识发展农村体育事业、发挥体育价值功能在全面推进乡村振兴战略中的重要意义,对实现巩固拓展脱贫攻坚成果同乡村振兴有效衔接具有积极作用。通过对皖北地区赵围孜村乡村振兴进程中体育所发挥的实际作用进行探讨,为进一步发挥体育价值功能、助力乡村振兴提供有益的参考和借鉴。

一、体育在巩固脱贫攻坚成果方面发挥的作用

2022年中央"一号文件"提出,坚决守住不发生规模性返贫的底线。体育在巩固脱贫攻坚成果方面所发挥的最直接的作用就是能够满足村民健康生活的需要,主要体现在持续改善精神面貌、有效提高身心健康、丰富完善文教生活三个方面。

（一）用体育精神提高思想境界，提升村民的精神财富

体育精神历来与民族精神息息相关，体育承担着历史赋予的使命。近代以来，中国体育的初心是强身健体、驱逐外敌，新时代体育的使命是为中华民族伟大复兴贡献体育力量和智慧。在巩固脱贫攻坚成果的过程中，通过宣传体育自信自强、敢为人先的奋斗精神，顽强拼搏、永不放弃的拼搏精神，守望相助、团结协作的集体主义精神，持续改善村民的精神面貌。为巩固脱贫攻坚成果，注入了强大的精神力量。

（二）用体育功能增强身心健康，提升村民的健康财富

体育是人类有目的、有计划地提升身心健康的一种社会文化活动。它的根本功能在于强身健体，有益于身心健康。近年来，在脱贫攻坚时期建设的一批体育场地和健身设施的基础上，通过开展活动，突出体育功能，丰富文体活动，使村民的健康意识、锻炼意识都得到了显著提升。经过实践验证，体育是非常有效的提升村民身心健康的绿色财富，为巩固脱贫攻坚成果奠定了坚实的身体和心理健康基础。

（三）用体育教育丰富科学智慧，提升村民的知识财富

从扶贫、脱贫到乡村振兴，关键要做好"志气"与"智慧"的培养。只有拥有科学智慧，才能持久拥有美好乡村建设的志气、勇气、才气。通过体育文化和体育教育活动的推广与开展，彰显体育文化和教育功能，持续提升村民的科学智慧，全面提升村民的科学知识和综合素养，为助力美好乡村建设贡献体育智慧。

二、体育在乡村振兴中发挥的作用

党的十九大指出，"农业、农村、农民"问题是关系国计民生的根本性问题，必须始终把解决好"三农"问题作为全党工作的重中之重，实施乡村振兴战略。这是我国首次提出乡村振兴战略，在这之后，中共中央、国务院每年发布的中央"一号文件"，都围绕着打赢脱贫攻坚战和全面推进乡村振兴作出总体部署，为做好"三农"工作指明了方向。2021年，十三届全国人大常委会第二十八次会议表决通过《乡村振兴促进法》，进一步以法律的形式明确了乡村振兴的总要求是"产业兴旺、生态宜居、乡风文明、治理有效、生活富裕"。

（一）开展体育活动，探索产业多元化发展

产业发展是乡村振兴的首要任务，产业发展的重要指标就是经济增长。从

体育自身而言,体育产业为乡村振兴进程中的经济作用赋能;从乡村发展的角度而言,乡村振兴给体育产业的发展提供了很好的空间。两者的有效结合,是促进农村产业发展的重要路径。

以赵围孜村为例,在探索农村体育产业发展的过程中,在充分把握村庄特色和条件的基础上,重点从体育健身活动、农耕主题体育赛事、体育励志教育、体育娱乐休闲四个方面,探索融合地方特色的体育休闲旅游、体育励志研学、体育趣味活动等多元化产业发展思路(图5.1)。

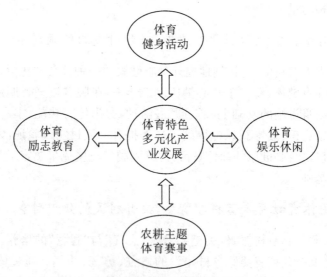

图 5.1 赵围孜村体育特色多元化产业结构图

(二)建设体育设施,提升生态宜居水平

生态宜居是乡村振兴的关键所在,至少包括三个方面的要义:一是生活环境改善;二是基础设施齐全;三是公共服务提高。前两个方面都需要加大基础设施建设,而第三个方面对于避免农村人口空心化来说至关重要。

以赵围孜村为例,在2017年之前,村里没有体育健身活动的设施,村小学里仅有一片沙土活动场地。2017年之后在村小学建设了2个标准篮球场、1个笼式足球场、1条含有9个健身器械的全民健身路径、4张乒乓球桌、1个200米田径跑道、1个700平方米的文化体育广场。在村公共区域建设了1个标准篮球场、2条共含有16个健身器械的全民健身路径、4张乒乓球桌、1个2000米健身步道、3个总计4500平方米的文化体育广场、1间文体活动室(表5.1)。通过完善村小学和村公共区域的体育活动设施,村庄生活环境大为改善,使得生态宜居水平显著提升。

表 5.1　赵围孜村区域内体育设施一览表

体育设施	村小学内	村公共区域
标准篮球场	2 个	1 个
笼式足球场	1 个	—
全民健身路径(健身器械)	1 条(9 个)	2 条(16 个)
乒乓球桌	4 张	4 张
健身步道	—	1 个(2000 米)
田径跑道	1 个(200 米)	—
文化体育广场	1 个(700 平方米)	3 个(共 4500 平方米)
文体活动室	—	1 间

(三) 推广体育文化,推动乡风文明建设

乡风文明是实现乡村振兴的重要保障。在乡村振兴战略的总体要求中,乡风文明蕴含着丰富的文化内涵。乡村振兴必须坚持物质文明和精神文明一起抓,提升农民精神风貌,培育文明乡风、良好家风、淳朴民风,不断提高乡村社会的文明程度。实现乡村振兴,既要有对农民群众生产富裕方面的具体目标任务,也要从文化涵养方面加强对乡风文明的建设。

乡风文明是乡村文化建设中的重要内容,体育具有的文化功能应在乡村文化建设中发挥自身的作用与价值。实现乡风文明的有效建设,特别是体育文化中所包含的中华体育价值观,具有强大的社会教育功能,尤其对农村社会的稳定以及人的健康发展发挥着重要的作用。以赵围孜村为例,2020 年和 2021 年在村小学课后文体活动、全民健身知识培训、体育健康主题党日活动、村民趣味体育活动、村干部带头组织健身活动方面,参与人次和活动次数分别是:660/30、826/3、112/1、278/2、7/40 和 1566/60、1567/4、218/2、478/4、7/80(表 5.2)。通过统计数据分析可知,赵围孜村开展了各种形式的文体活动,并且 2021 年的参与人次和活动次数比 2020 年有显著提升。在乡风文明建设中逐步融入体育文化的内容,积极主动地发挥体育在促进文明建设、提升村民精神风貌方面的重要作用,有效提升了村庄的乡风文明建设。

表 5.2　赵围孜村 2020 年和 2021 年开展文体活动一览表

活动内容	2020 年 (参与人次/活动次数)	2021 年 (参与人次/活动次数)
村小学课后文体活动	660/30	1566/60
全民健身知识培训	826/3	1567/4
体育健康主题党日活动	112/1	218/2
村民趣味体育活动	278/2	478/4
村干部带头组织健身活动	7/40	7/80

（四）塑造体育精神，夯实治理有效的基础

治理有效既是乡村振兴的基础，也是乡村民主政治建设的重要保证。多年来，中青年人群外出务工，使得村里的老年人、青少年、儿童人数较多，部分乡村存在空心化的趋势，家庭离散化问题凸显，乡村治理工作面临着较多的挑战。因此，实现治理有效是一项重要要求。

以赵围孜村为例，一方面通过村委会和驻村工作队组织集体性体育活动或村民自发组织体育活动，使村民在参与体育活动的过程中团结互助、协同配合、奋勇争先，且遵守公平公正的制度和规则；另一方面通过邀请安徽籍优秀运动员进村，围绕"为国争光、顽强拼搏"等主题进行励志宣讲，弘扬中华体育精神，增强村民的民族自信心和自豪感，增强凝聚力，不断塑造体育精神，在乡村振兴推进的过程中，结合时代要求进行创新，强化道德教化的作用，引导村民向上向善，从而进一步改进民风，提升治理水平。

（五）形成体育合力，服务于生活富裕的目标

生活富裕既是乡村振兴战略的根本，也是最终的民生目标。乡村振兴的出发点和落脚点就是在农业发展中，以农村社会为范围，实现全体农村百姓幸福、美好、富裕、和谐的生活目标。体育在乡村振兴中所发挥的产业作用、健康作用、生态作用、励志作用、治理作用最终都将围绕着农业、农村、农民服务于生活富裕的目标。

三、体育在乡村振兴实践中面临的困境

（一）认可度存在差异

由于对体育理念的认识程度有偏差，导致在发挥体育功能作用、服务乡村

振兴的有效性方面存在较大差异,其主要体现在两个方面:一方面是对体育在乡村振兴领域中发挥的作用认识过窄,认为体育只是一种健身活动和娱乐方式,对其重视程度不够;另一方面是对体育在实现乡村振兴五大要求方面的有效性认识不够充分,体育助力乡村振兴的作用不明显。

(二)缺乏专业人才队伍

体育专业人才匮乏是农村体育助力乡村振兴的主要制约因素。实证研究表明,制约因素集中表现在体育工作管理人员和体育活动指导人员匮乏方面,导致农村体育管理水平薄弱,并且由于农村体育活动指导人员数量不足,农村体育活动开展的实效不明显。

(三)活动载体较为单一

实地调查结果显示,文体活动开展主要集中在村小学和村文化体育活动广场等区域,服务人群虽基本能够覆盖全村范围,但是体育活动内容仅限于开展符合场地设施条件和村庄条件的田径、球类项目以及全民健身路径的健身器械运动项目。从体育活动开展的过程来看,这些项目很受村民喜爱,但是由于项目本身的强度和技术要求等,老年人和儿童参与田径、球类活动还是有所限制。这充分暴露出目前村级体育活动开展的内容和载体较为单一。

(四)社会参与程度不高

对赵围孜村以及所在辖区临泉县和宋集镇有关部门人员进行访谈的结果显示,农村体育活动的开展,主办方主要以乡镇政府为主体,具体的组织和承办方主要是村委会,在社会资源助力农村体育活动开展方面较为欠缺。同时,活动资金以政府文化体育事业发展的专项资金、体育彩票公益金及体育部门的帮扶为主,资金供给渠道有限,未能有效地吸引社会投资。这样就导致了活动开展的社会力量参与不够和活动资金社会投资缺乏,集中体现出社会参与程度不高。

(五)场地设施维护不够

实地调查结果显示,农村体育场地设施建设选点,主要还是以集中整合为主,大多数体育场地设施主要位于村委会附近及人群较为集中的区域。近年来,体育场地设施和健身器材在数量上逐步增多,在类型上也呈现出多样化趋势,但是相比建设方面,对于已经建设好的体育设施在维护方面仍存在明显的短板和不足。

四、体育在服务乡村振兴实践中的启示和建议

（一）体育在服务乡村振兴实践中的启示

在巩固脱贫攻坚成果方面，通过对赵围孜村进行实证研究表明，体育具有重要作用，主要体现在对农村居民的精神品质、身心健康、综合素质三个方面的提升与促进。

在服务推进乡村振兴方面，通过对赵围孜村进行实证研究表明，体育的重要作用体现在"人、财、物"三个层面。

在人的层面，赵围孜村通过开展体育文化活动，提高了村民的身心健康。在体育文化活动开展的过程中突出团结配合、顽强拼搏、奋勇争先、公平公正、为国争光的体育精神，提高了村民的综合素质。

在财的层面，赵围孜村以体育健身活动、农耕主题体育赛事、体育励志教育、体育娱乐休闲四个方面构建体育特色多元产业发展模式，逐步成为农村经济增长的亮点。

在物的层面，赵围孜村通过完善村公共区域和村小学的体育活动场地设施，进一步丰富乡村文化体育活动的开展，完善村庄宜居宜业的水平，最终实现乡风文明、生态宜居。

通过对赵围孜村不同发展阶段体育所发挥作用的研究表明，体育在巩固脱贫攻坚成果和服务乡村振兴战略两个方面均有重要作用，其本质属性、功能及方向都是高度一致的，即最终实现产业兴旺、生态宜居、乡风文明、治理有效、生活富裕的总目标。目前体育在巩固拓展脱贫攻坚成果同乡村振兴有效衔接阶段还存在着认知差异大、活动单一、专业人员不足、社会参与度不高、场地维护不够五个方面的不足。

（二）体育在服务乡村振兴实践中的建议

随着乡村振兴的持续推进与深入开展，体育助力乡村振兴服务广大农村地区和村民将变得越来越重要。政府部门、社会力量以及村民自治组织等团体机构，应该持续提高对农村体育工作开展重要性的认识。

我国幅员辽阔，农村地区差异化程度较高，应围绕着乡村振兴的五大要求，从各地乡村的实际情况出发，整合多方资源，加大对体育服务乡村振兴战略的精准研究，从实践和理论两个方面探索乡村振兴战略体育路线图。

在目前阶段，应正确认识体育服务乡村振兴战略、解决乡村建设方面存在的问题。乡村振兴是实现中华民族伟大复兴光辉历史进程中的一个重要战略时期和全新发展阶段，体育在这样一个社会发展时期，所面临的困难和挑战是

我们需要正视的。因为是全新的阶段,所以遇到困难和挑战是常态,我们要用继承创新的方法和发展的观点去面对它们。

第二节 体育院校服务乡村振兴

党的十九大指出乡村振兴战略意义重大,2017年按照安徽省委、省政府《关于坚决打赢脱贫攻坚战的决定》等部署要求,安徽体育运动职业技术学院(简称安徽体院)选派精干力量组成驻村工作队,进驻安徽省阜阳市临泉县宋集镇赵围孜村,为该村如期脱贫并取得脱贫攻坚战的胜利作出了应有的努力,更为全面推进乡村振兴打下了坚实的基础。2021年安徽体院围绕着实现巩固拓展脱贫攻坚成果同乡村振兴有效衔接的主要任务,继续发挥体育院校的责任与担当,接续做好第八批选派驻村工作。在多年的驻村帮扶期间,安徽体院高质量、高标准地开展了各项帮扶工作,围绕着产业发展、农副产品消费、村庄基础设施建设等方面作出了卓有成效的成绩;围绕着安徽体院的教育和体育特色,为服务乡村振兴战略,助力美丽村庄建设,作出了有益的探索和实践。

一、体育院校服务乡村振兴的实践

(一)体育院校服务乡村振兴的阶段划分

安徽体院于2017年4月组建工作队进驻赵围孜村,已经持续开展了两期选派帮扶工作。总体分为两个阶段:一是收官决战阶段,此阶段完成了脱贫攻坚的各项任务;二是开局首战阶段,此阶段进入了巩固拓展脱贫攻坚成果同乡村振兴有效衔接的阶段。

驻村帮扶以来,安徽体院始终以党建工作为统领,按照乡村振兴产业兴旺、生态宜居、乡风文明、治理有效、生活富裕的总要求,积极作为、主动进取,以"体育+教育"引领帮扶工作开展,将全民健身、全民健康和体育教育、素质教育融合发展,为赵围孜村打赢脱贫攻坚战和顺利进入巩固拓展脱贫攻坚成果同乡村振兴有效衔接新的发展阶段筑牢了基础。

(二)体育院校服务乡村振兴中形成的体育特色成效

安徽体院在加快贫困地区脱贫攻坚进程、坚决打赢脱贫攻坚战、服务乡村振兴战略中,充分发挥了体育院校的优势和作用;推动了体育工作与乡村振兴工作有效融合,在赵围孜村构建了体育助力乡村振兴的良好局面。

1. 教育教学中的体育特色成效

赵围孜村有1所小学,承担着为全村培养德、智、体、美、劳全面发展的少年儿童的重要任务,是乡村振兴建设的重要人才培养基地。安徽体院高度重视对赵围孜村教育教学方面的帮扶力度。实践过程中,针对村小学体育设施落后、体育教学活动单一、课后体育活动薄弱等环节加大帮扶力度,发挥"体育+教育"的特色,争取通过多种资源改善村小学的硬件设施和软件教学条件(表5.3),有效地提升村小学的人才培养质量,使少年儿童具备正确的体育意识,养成良好的身体锻炼习惯,拥有健康的体魄,塑造顽强拼搏的意志品质,为赵围孜村乡村振兴建设发展,做好人才培养储备。

表5.3　对赵围孜村小学的体育特色帮扶一览表

项目类型	体育特色帮扶内容
体育教育用品和文化图书捐赠	跳绳、足球、篮球等体育消耗性器材
	体育教育教学设备
	全民健身科普读物等各类图书和教辅书籍
体育教学设施和场地建设	操场运动草坪铺设
	校园笼式足球场建设
	校园田径场塑胶跑道建设
校园文化体育活动和课后体育服务	体育励志教育宣讲
	建立校园学生足球队
	课后体育锻炼辅导
	校园体育文化主题活动周

2. 村庄建设中的体育特色成效

党的二十大明确指出,要全面推进乡村振兴战略,农村体育的建设不仅是国家体育事业发展的重要组成部分,也是落实乡村振兴战略的有效路径。农村体育不是形象工程,不能只重视体育硬件设施建设,而忽视对体育设施的使用和体育文化活动的开展。

在具体实践中,安徽体院按照赵围孜村的实际情况,从群众体育活动开展、促进人口综合素质提升等方面,争取社会多方资源持续关心、支持村里的建设与发展。第一,通过体育基础设施建设,为村级文化体育活动开展提供了有力的保障;第二,通过体育锻炼休闲器材的建设,不断丰富村民的活动内容;第三,通过国民体质监测活动的定期开展,培养村民的健康意识,使其全面了解自身的体质健康状况,从而促进身体锻炼习惯的养成,提升身心健康(表5.4)。

表 5.4 对赵围孜村的体育特色帮扶一览表

项目类型	体育特色帮扶内容
体育基础设施建设	村党群服务中心文化体育广场
	村全民健身中心广场
	村文化体育活动广场
体育锻炼休闲器材建设	全民健身路径健身器械
	户外篮球架和乒乓球桌
	篮球、足球、乒乓球和配套球拍
定期开展国民体质监测活动	省级国民体质监测进村服务
	省级医疗资源进村健康诊疗
	成立村农民篮球队
	开展各类文化体育健身活动

3. 以村为点辐射全域的体育特色成效

安徽体院在服务乡村振兴的过程中，始终坚持将帮扶资源力量按照以村为点、辐射全镇、面向全县的统筹发展思路，发挥驻村帮扶的桥梁纽带作用，凸显体育和教育特色，帮助村、镇、县全面发展。

在体育基础设施方面，为赵围孜村所在地宋集镇建设了2个小型综合体育馆等。为进一步发挥体育院校服务社会的功能，安徽体院于2021年同临泉县教育部门签订了5年的教育合作协议，每年选派实习生开展顶岗和跟岗实习工作，进一步帮助临泉县解决体育师资匮乏的问题，帮助临泉县高质量开展中小学体育教育工作(表5.5)。

表 5.5 以村为点辐射全域的体育特色帮扶一览表

项目类型	体育特色帮扶内容
体育基础设施建设	村所在镇全民健身小型综合体育馆(含室内篮球、羽毛球、乒乓球场地及健身场地)
	村所在镇中心学校体育馆
	村所在镇全民健身笼式足球场
体育锻炼活动器材	村所在镇全民健身路径设施建设
	村所在镇篮球架、乒乓球桌等户外活动器材援助
	村所在镇篮球、足球、羽毛球、乒乓球等消耗性体育器材捐赠

续表

项目类型	体育特色帮扶内容
全民健身和全民健康服务	村所在镇广场舞健身活动指导
	村所在镇省级医疗资源健康诊疗
	村所在镇农民运动会策划组织举办
	全县体育职业技能培训
	全县国民体质监测
	全县体育教育帮扶

二、体育院校服务乡村振兴的优势

体育院校服务乡村振兴具有独特的优势，主要体现在三个方面：一是高等教育的功能与作用及其所发挥的教育资源优势；二是体育的功能与价值及其所发挥的体育资源优势；三是教育与体育的叠加资源优势。三个方面共同作用于村庄建设，体现出体育院校在服务乡村振兴中的明显优势。

（一）在产业兴旺方面发挥的优势

体育的娱乐性、趣味性、健身性、休闲性的特点，决定了其在农村产业发展方面具有特殊的应用价值，通过发展体育健身娱乐和休闲产业，打造村级产业发展新的模式和经济增长点。

在具体实践中，安徽体院以完善赵围孜村的体育基础设施为抓手，结合村里的整体发展布局，设计了休闲体育赛事和趣味体育活动，吸引县域和周边群众到村参与活动，打造以体育健身为基础，活动赛事为载体，休闲旅游为导向的体育乡村旅游产业发展模式。

（二）在生态宜居方面发挥的优势

我国打赢脱贫攻坚战之后，全面建成小康社会，社会发展进入了新时期，农村的社会生活环境发生了变化，村民对健康美好生活方式的需求与日俱增。由于当前发展不平衡、不充分的矛盾，导致农村存在着文体活动项目较少、健康生活理念缺乏等问题。多年落后的生活习惯与陋习仍或多或少地影响村民的日常生活。

在日常生活中，体育知识的教育性、体育精神的励志性在农村生态宜居方面正发挥着重要的作用。

在具体实践中，安徽体院通过送体育文化表演进村庄、传统体育民俗活动展示推广、体育舞蹈专业教师到村进行广场舞教学指导等活动的开展，有效提升了村民体育健身的科学素养,满足了村民的体育文化生活需求,并且在体育专业健身教师的指导下,村民参与体育活动的规范性、标准性、日常性、有效性更加突出,真正感受到体育为宜居生活带来的新变化。

(三)在乡风文明方面发挥的优势

乡风文明是实现乡村振兴的重要保障,农村生活中村民之间的关系和谐、村"两委"干部与村民之间的信任融洽度、传统文化促进村庄精神文明建设等都是乡风文明的具体体现。乡村振兴既要实现"物"的振兴,也要实现"人"的振兴,通过农村体育工作的开展,举办形式多样的文体活动,丰富乡村的生活内容,促进村民身心健康的发展,是体育促进乡风文明建设的主要途径。

在具体实践中,安徽体院充分发挥自身体育专业的特点,通过组织村级体育趣味赛事、文化体育活动,特别是民间传统体育活动,如在春节等传统节假日期间组织全村的文化体育活动,增强村民的团队意识和集体认同感,培养村民体育公平公正的规则意识,增加彼此之间的了解和信任,促进乡风文明。

(四)在治理方面发挥的优势

治理是政府的一种管理方法和行为方式,治理不是一套规则条例,而是一个以调和为基础的过程,治理有效是乡村振兴的基石。在农村开展体育活动,发挥体育在心理、生理、社会三个层面的价值与作用,通过体育文化和娱乐休闲活动的开展,增强村民的心理和身体健康,丰富村民的精神文化生活,让村民拥有向上向善的精神状态,维护乡村社会和谐稳定,是村庄管理、治理有效可靠的方法。体育活动是最有效的社会交往活动,一人参加、全家参与、全村联动,正逐步改变以往村民在空闲时凑在一起打牌、喝酒,滋生不良生活习气的现象。

在具体实践中,安徽体院在赵围孜村建场地、搞活动、教体育,开展多种多样的文化体育健身活动,组织村民趣味篮球赛、村民健身走活动、广场舞健身活动,并对村里的少年儿童进行体育技能辅导。定期联系省级医疗和国民体质监测部门,为村民开展健康诊疗和体质监测活动。同时,体育运动中蕴含的礼仪、规则也正在潜移默化地增强村民的文明意识、规矩意识、公平意识,体育逐渐在实现有效乡村治理方面发挥着重要的作用。

(五)在生活富裕方面发挥的优势

生活富裕是村民对美好生活的具体目标。从需求的角度分析生活富裕应有三个层面的内容:一是物质生活明显提升;二是生活水平明显改善;三是公共服务明显丰富。体育产业的发展能够给村里的经济增长带来新的方向,促进农民收入水平有较大提升。通过完善乡村健身公共设施的建设,能够改善乡村生活条件,提升村民的生活和健康水平。通过体育休闲娱乐和农村主题赛事的开展,促进了农村体育产业的发展,使村民的收入水平逐步提升,满足其物质生活的需要。同时,通过体育教育的开展,也提升了村民,特别是青少年儿童的智慧财富。体育在实现生活富裕目标方面有着综合优势,已经成为实现生活富裕目标的主要途径。

三、服务乡村振兴对体育院校发展的意义

对体育院校自身而言,应在服务乡村振兴战略时期,进一步明确发展路径,充分承担服务社会的重要职责,彰显体育报国和体育强国的历史使命。体育院校要把握住"大有可为"的历史机遇,在乡村振兴中"大有所为",对准"体育强国"的总目标,围绕"发展体育运动,增强人民体质"的体育根本任务,弘扬中华体育精神,弘扬体育道德风尚,推动群众体育、竞技体育、体育产业协调发展,更好地完成体育院校服务乡村振兴战略的各项任务。同时,体育院校也要充分认识到,服务乡村振兴战略是建设体育强国的具体实践和重要内容。

第一,要围绕着乡村振兴培养有用人才的任务,特别是体育人才,担起体育院校的职责与使命;第二,要围绕着乡村振兴的需要做好科研支撑,发挥体育院校体育科学助力乡村振兴的重要作用;第三,要围绕乡村振兴文化发展的建设要求,发挥体育院校的专业和学科优势,弘扬中华民族传统体育文化;第四,将体育院校服务乡村振兴战略,作为实现体育强国目标的具体实践和重要内容,用体育促进乡村发展,为体育强国目标建设,实现中华民族伟大复兴,贡献出体育院校应有的责任与担当。

强国必先强农,农强方能国强。体育在服务乡村振兴、实现中华民族伟大复兴的进程中,具有自身特有的功能与价值。当前,农村体育仍是我国农村发展的短板与弱项,也是我国体育工作的薄弱环节。乡村振兴是农村体育发展的重要时期,作为体育院校要抓住这个时期,切实增强责任感、使命感,发挥体育和教育的主体功能,以实现"体育强国"的使命担当,推动农村体育事业高质量发展,服务好乡村振兴战略。

第三节 体育设施和场馆促进乡村振兴

中国作为体育大国,在体育基础设施建设方面的投入是巨大的。虽然城市和乡村之间还有着差距,但是不论是城市还是乡村,同自身相比,体育建设经费在逐年增加,体育设施建设在逐步增多,这是一个不争的事实。当然,体育设施的数量与种类在服务广大群众健身锻炼的需要方面仍有差距,正是因为这些差

距的存在,加快建设满足广大群众健身锻炼需要的体育设施和场馆的步伐不会放慢。特别是在全面建设体育强国推进乡村振兴的新阶段,乡村体育设施和场馆建设已经有了很大的进步和改善,并且越来越多的体育设施和场馆将会建成并投入使用。从体育服务乡村振兴的角度来看,体育设施和场馆在满足群众健康身心的基础上,将始终围绕着乡村振兴的产业、生态、生活等方面发挥更大的价值和功能。本节将对通过体育设施和场馆建设带来乡村面貌改变的实例进行分析,并对处于乡村环境中的学校体育设施和场馆如何服务乡村振兴进行探讨。

一、体育设施和场馆给乡村发展带来的新思路

我国各地都在为实现乡村振兴的总要求积极探索,创新思路找寻各种路径与方法。在体育服务乡村振兴方面,部分经济发达省份已经在满足村民健康身心的基础上,推动体育设施和场馆的建设,从而带动"乡村赛事+旅游+活动"的综合发展模式,在提升乡村产业和打造生态宜居环境方面效果显著。

在具体的实践中,这些地区坚持以体育服务乡村振兴为总目标,用创新的发展思维加快乡村产业转型升级,突出体育的功能与价值,在实践探索中找出一个以体育设施和场馆建设带动乡村面貌改变,并以此为平台打造多元化体育服务乡村振兴的模式,从而促进村民收入持续增长,生活内容多姿多彩,生态建设更加健康美丽,乡村精神文明和物质文明建设得到了明显提升。

在南方经济发达省份的某个地区,就以体育为载体绘制了乡村振兴的新蓝图。该地区从2016年开始就已经积极探索"体育+特色村"的建设模式,充分利用好乡村空间要素,在体育设施和场馆建设的过程中,赋予其更加多元化的内容,打造富有特色的体育产业,并且逐步形成了体育带动乡村经济发展的新思路,有效形成了体育促进身心健康的本源价值与体育服务乡村振兴的创新价值双向互动的模式。

在对这个地区的7个行政村进行考察之后发现,这7个行政村整体呈现出了以体育设施和场馆服务乡村振兴的欣欣向荣之景。在体育设施和场馆建设的基础上,以赛事和旅游为两翼全方位覆盖乡村,最终有力地带动了经济效益,促进了乡村的发展。产业发展与经济提升是乡村振兴的关键,要想把握关键、实现突破就必须要有新的经营主体,在这样的主导思想下,该地区开启了以体育设施和体育场馆建设推动乡村振兴的大胆创新。其近年来的发展实效验证了通过体育设施和场馆建设能够有效激发乡村振兴的活力。

在该地区某一个行政村的乡村振兴发展过程中,总共进行了500余万元的专项投资,建起了村级体育馆、休闲垂钓场、多功能健身场地以及配套的乡村民宿。场馆设施建成之后,一年承接的比赛就有几十场之多,并且还承办了省级

比赛,创新出了"省赛村办"的新模式。体育设施和场馆不仅仅发挥着服务村民健康身心的作用,更发挥了多元化的功能,最直接的体现就是盘活了体育设施和场馆这部分固定资产,带动了全村集体经济收入的快速提升。据统计,该村仅半年时间,就以体育运动为抓手,民宿、农家乐等收入超过80万元。当地的许多村民还纷纷表达了这样一个事实,即体育服务乡村振兴不仅意味着收入的增多,更带来了精神上的满足。每天晚上周围村里的村民都聚拢而来,参与全民健身,夫妻更和睦、家庭更和谐,打牌赌博的现象少了,乡风更加文明。

该地区的另一个行政村位于偏远山区,曾经因为交通落后,经济发展水平缓慢。直到逐步完善了道路交通,使得出行方便起来,再加上山区的自然风光和优美的原生态环境,乡村民宿旅游的生意渐渐增多了,但是这种产业模式较为单一,只能在暑假里获得一定的收入。后来受到周边村庄"体育+"乡村发展的启示,也开始了乡村发展的体育之路。在总体布局上,充分结合了村里的自然条件,利用村庄的一条河道,新建了一个天然的标准游泳池,夏天是嬉水游玩避暑的好去处,冬天可开展冬泳等冬季水上项目。

此外,该村所在的山上还有一条登山游步道,也颇受喜欢登山的群众欢迎。该村现在已经准备以前期体育设施和场馆为平台,利用开展乡村旅游所获得的收益,对村里河边的沙滩进行改造,计划建设几个沙滩排球场,充分发挥村里的自然优势,实现体育服务乡村振兴的持续发展。

该地区还有一个行政村,采用社会投资的方式进行建设,以属地行政村全方位提供保障的模式,吸引资金建设体育设施和场馆,并由专业体育运营机构进行管理,不仅确保了经济效益,还带动了村民就业。当地管理部门用30多亩①留用地吸引社会资本,共10余家企业投资2000余万元建设体育综合体,相关企业集中经营形成集群式发展效应,每年接待游客10万人次,上缴税款100万元,新增就业岗位120个。

实践出真知,乡村振兴是中国乡村历史上发展的一次伟大飞跃,在历史性地消除了绝对贫困,建成小康社会之后,中国开始了实现中国式现代化强国的新征程。现代化强国的乡村必须要美丽富强,实现这一目标的方略就是乡村振兴。如何做好乡村振兴,没有现成的模式可以借鉴,只有坚持理想和信心,围绕着乡村建设发展的实际需要大胆创新,在实践中探索有效的方法。在体育服务乡村振兴的过程中,如何将体育设施和场馆建好,又如何将已经建设好的体育设施和场馆发挥更大的作用,这些行政村都做了积极的创新并且取得了很好的效果。

---

① 1亩≈666.667平方米,后文此类情况不再赘述。

总结经验可以得到三个方面的启示：一是发挥体育设施和场馆在服务当地群众健康身心，满足大家文化体育活动需要的同时，结合当地的自然资源和人文特色，构建以体育为主题的赛事旅游休闲娱乐活动，从而吸引更多的人到村里参与活动；二是通过体育设施和场馆建设进一步盘活闲置荒地，让过去的荒地成为今天体育产业发展的宝地，这个现象具有重要意义；三是从政府全面承揽体育设施和场馆建设管理，转变为以管理部门宏观引领，突出企业的主体性和专业性特点，遵循市场化运作的原则，并且在这样的机制中，将有限的政府资金投入变为政府引导社会企业积极投资，扩大了资金的来源渠道，提高了体育设施场馆的建设水平和使用价值，更是探索出了一条体育服务乡村振兴的实践新思路。

二、体育场馆建设给行政村带来的变化

这是一个很有代表性的案例，在中国南方的一个行政村里，通过体育赛事的承办，形成了体育特色鲜明的地方示范村。当初为了满足村民健身活动需要而建设的体育设施与场馆，让村里的体育文化氛围越来越浓厚，最后发展到一个村庄就能够承办省运动会比赛。在这样的过程中发生的变化，是体育设施和场馆服务乡村振兴又一次生动的实践。

该村首次承办省运动会网球比赛，也是该村第二次承办省级体育赛事。如果没有条件完善的体育设施和场馆，这样一个全省最高规格的比赛，是无法在一个村里举行的。省运动会在村里的顺利举办，成为了该村最为骄傲的事。在办赛的全过程中，村干部带领村民积极投入到比赛前的场地布置、后勤保障工作中，并在比赛中配合办赛、维持秩序，比赛结束后又抓住大家在村里适当放松的时间开展乡村旅游，很好地以赛事和村庄环境服务实现了体育赛事旅游经济的新增长。

比赛首日，该村迎来了一群"10后"小选手。早上，选手们陆续到达，这群活泼可爱的孩子们，让安静的小山村顿时热闹起来。许多教练员和运动员都是第一次来这个村庄，要不是因为比赛他们是不会到这儿来的。可是等大家到达村里的时候，纷纷感叹道这个村的体育氛围浓厚，在惊讶之余也纷纷竖起大拇指点赞。村里随处可见各种体育元素——五环奥运标志、塑胶篮球场地、标准自然草坪的门球场、全民健身广场，还配有既专业又节能环保的太阳能灯光设备。可以说，体育文化氛围和村民体育意识态度都有了很大的提升，在具体的实践中体现出了该村非常鲜明的体育特色。

回顾体育服务该村的发展之路，最先是为了满足村民的体育健身需要而进行场馆建设。该村的场馆建在村小学原来的旧址上，村小学由于合并调整将原先的校址闲置，原本村里准备用这块地进行村办企业发展，可是由于地处偏远

又是小山村,一直没有能够实现这样的想法,后来就成了一个杂物堆放的场所。随着村庄环境的改善,这个空余的场地始终与村庄环境发展格格不入,一时间成为了老大难的问题。村党支部的同志们一直在积极思考对策,就在大家都犯愁的时候,一天大家看到了村民为了打羽毛球到处寻找空地,用绳子拴在树上当球网,一个利用这个场地为村民建个体育运动场所的想法便产生了。当村委会和村民深入讨论时,也有不同的声音,如有的村民认为不做厂房开发,而是建设体育馆是不是太浪费了,最后村委会还是有了完整的思路,决定先建成体育场馆满足村民的健身需求,再探索乡村"体育+"的发展模式,进而带动村庄发展。如果体育馆利用率不高,那么可以改建成仓库,也能为村集体增加不少收入。

就这样经过近半年时间,村里的体育馆建成了。因为有了这个体育馆,加上村里的自然风光,得到了村所在地镇政府的大力支持,每年都创造条件将市、县两级的各类体育赛事推荐到这个村举办,平均一年举办近30余场比赛。此外还有各类民间体育赛事不计其数。很快这个村的体育馆名气渐渐传开了,甚至很多人是因为到这个村的体育馆参加赛事,而全面了解了该村的自然风貌,乡村旅游和发展都被有效地带动起来。

经过几年的发展,该村的体育设施和场馆已经可以满足承办更高赛事的要求,并且为了更好地做好村里的体育特色,借助赛事的承办,该村还对体育场馆进行了装修,让村里的办赛环境更好。经过这些年的发展,该村不仅仅通过体育设施和场馆让村里的体育特色突出,更通过体育服务乡村振兴,让村庄更文明,让村民更富裕。在比赛期间,村民当起了志愿者。更让村民开心自豪的是,村里的体育场馆设施全年无休地为村民提供服务,任何人都可以去参与健身活动,村民运动完会主动关灯、关窗、打扫卫生,多年来已经形成了一种共识,这更是村民素质提升的具体表现。

在乡村建设中,对于村庄的乡风文明和治理有效方面,村里的体育设施和场馆渐渐发挥着更加重要的作用。在给村民提供便利的健身场所的同时,这里还是村民平日里交流感情的场所。每天傍晚不少村民都在体育馆里运动,运动之余走在一起聊聊天、叙叙话,生活充实、幸福感很强。体育设施和场馆建成并投入使用,让村民之间的距离更近了,也让村民之间的感情更近了。从此,打造美丽和谐的村庄,促进乡风文明建设有了一条具体的实践路径。

在这样一种体育氛围的渲染下,近年来该村全民健身活动红红火火地开展起来,先后成立了秧歌队、羽毛球队、排球队、篮球队等村民体育兴趣小组,附近村庄的群众也会过来积极参与体育活动。体育设施和场馆的建设不仅带来了人气,还带来了经济收益。该村体育馆边上还有15间属于村集体的民宿,主要是为了方便运动员集训而修建的。由于近年来承办的比赛越来越多,知名度也越来越高,再加上环境优美、设施齐备,许多运动队伍在这里进行了集训。据了解,仅一年时间该民宿就接待了近 2 万人次。

体育设施和场馆的辐射力还惠及了更多村民,有的村民在体育场馆附近做起了特色农副产品生意,有的开起了农家特色餐馆,生意都很不错,特别是村里办比赛的时候生意会更好。这些年,这个村还顺着村里的小溪和河道修建了健身游步道、休闲垂钓场等体育运动休闲场所,动员村民发展民宿,每年带动当地旅游、民宿、农家乐等收入超过 300 万元,还先后获评省级美丽乡村特色精品村、省级农村乡村治理标准化试点村。

在对该地区其他行政村进行考察的过程中发现,该村利用体育设施和场馆推动体育发展,服务乡村振兴并非个例。从当地体育部门了解到,2016 年以来,该地区就积极探索"体育+"的特色村庄建设模式,目前全市已建成"体育+"特色村庄 52 个,吸引社会资本 18 亿元,新增排球馆、门球馆、足球场、武术馆等体育健身场馆 45 个,累计直接带动乡村增收超 14 亿元,"体育+"特色村庄已经成为引领乡村振兴发展的有效抓手。

三、学校体育场馆服务乡村振兴的思考

近年来,随着城市的快速发展,带动了乡村建设,部分学校为了有更好的教育教学环境,会在城市周边区域的乡村选择新的校址进行建设,并且体育设施和场馆都很齐备。这一现象引起了这样的思考——对于乡村区域的学校体育场馆应如何服务乡村振兴?我们采用 SWOT 分析法对长三角地区省会城市周边乡村区域的一所高校体育场馆进行了个案分析,试图对将来更好地利用体育场馆资源服务乡村振兴起到借鉴作用。

(一)学校体育场馆所在乡镇的特点和体育发展概况

该乡镇位于城市主城区的东南方向,共有 15 个行政村,人口数近 25 万,素有"鱼米之乡"之美誉,具有美丽的水乡田园风光,是该城市农家乐度假旅游的最佳区域,相继开发了现代农业科技园、千亩葡萄园、十里渔场休闲垂钓园等项目,其也是全省首批农家乐旅游示范点、全省生态发展示范乡、全市青少年农业科技教育示范基地。该乡镇休闲旅游主要有两种发展模式:一是以农家乐为主的休闲旅游;二是以欣赏自然风光为主的自助休闲旅游。体育休闲旅游、体育健身旅游等项目也有所开发,但是总体水平一般。

多年来,该乡镇所在城市非常重视公共体育设施建设,多方面构建乡村体育发展平台。先后开展了全民健身示范乡镇和农民体育健身工程的建设,基本能够满足当地居民体育健身的需要。目前尚没有建成能够开展多功能、多种类项目的体育场馆。紧邻该乡镇有一所高等学校,该校总面积约 42 万平方米,校

园内共有室内综合训练馆5万多平方米、室内田径训练中心21万多平方米、5个排球场、12个篮球场、10个网球场、1个室外拓展基地、2个标准足球场、2个标准室外田径场、1个橄榄球场和1个游泳馆等体育设施和场馆。校园内培训中心公寓、餐厅、浴室等基础设施齐备，能够满足社会体育服务的需要。

（二）学校体育场馆服务乡村发展的探索

随着人民群众的生活水平不断提高，精神文明、物质文明、生态文明日益提升，人们追求高质量生活、追求健康的意识日趋成熟。体育项目所具备的健康身心、促进交流等作用，将会使体育成为人们闲暇时刻的重要活动方式。同时，生产效率的提高为体育休闲的时间和空间提供了保障，促进了广大群众参与体育休闲活动。目前，社会上最广泛的体育健身项目，主要集中在城市里的健身俱乐部或体育中心，那里消费较高，场地空间也相对集中。人们在参与此类健身体育活动时候，会承担较高的费用，同时还可能受到场地限制而不能满足健身娱乐的需求。

在乡村环境中开展体育休闲健身活动项目具有独特的优势：一是活动空间广阔且与自然风光紧密联系；二是可以在进行乡村度假旅游的同时，参与体育健身娱乐项目；三是在乡村环境中的体育项目独具特色，有较大的社会效应；四是在打造乡村生态、休闲、旅游的基础上，创建以体育运动和休闲娱乐为主题的健康乡镇，这将成为乡村休闲生态旅游的一种特色。

体育休闲娱乐活动的开展需要有体育设施的保障作为基础。地处该乡镇区域内的学校体育场馆，在促进和保障乡村体育休闲娱乐活动开展的过程中，只有充分发挥场地资源优势，才能进一步满足当地乡村振兴的体育需要。

下面将主要从优势和劣势两个方面，对该乡镇周边学校体育场馆服务乡村振兴多元化发展进行讨论。优势主要集中体现在：场馆功能较为齐全、场地面积能够满足乡村体育活动开展的需要、能够形成专业的管理队伍，具有专业的体育产业理论研究人员和实践管理人员、体育项目指导员比较齐全、体育场馆主管单位是高等院校。劣势主要集中体现在：体育场馆集中在校园内，主要保障教学和训练任务的开展，其对校园内学生文化体育活动的开展提供保障条件，但对于体育场馆服务社会的功能没有足够重视，对于体育场馆服务乡村发展的功能价值没有充分利用，在体育场馆服务乡村振兴经济发展的过程中，存在着体育场馆服务社会化功能同校园内服务教学训练功能之间的矛盾。

在对学校体育场馆服务乡村体育特色建设，推动乡村经济增长的外部条件进行分析时，主要从市场功能需求因素、时间因素和消费水平因素三个方面进行。

在市场功能需求因素方面,目前该乡镇的公共体育设施与场馆,主要是各级体育部门按照政策扶持资助的全民健身工程,以及该乡镇农家乐业主自建的简易体育活动休闲器械。同上述公共体育资源相比,地处该乡镇周边的学校体育场馆功能齐全、设施标准较高、活动空间较大,并具有专业的体育管理队伍,这些因素能够有效地实现休闲体育与健身体育的功能,为学校体育场馆服务乡村产业发展奠定良好的基础。

在时间因素方面,学校体育场馆的使用主要集中在教学训练和校园文化活动开展方面,同休闲旅游人群参与体育活动的时间没有重合的矛盾。目前,休闲旅游人群参与体育活动的时间主要集中在节假日和双休日,在这些时间段里体育场馆基本处于空闲状态,能够满足其向社会开放的需求。

在消费水平因素方面,有关调查显示,目前参与农村生态休闲旅游和农家乐的消费群体收入主要集中在3500~5000元。据此可以推测参与农村生态休闲旅游的人群基本以中高收入人群为主,这样的消费群体在参与体育休闲活动的过程中,有对体育专业性和场地保障方面的要求,具有参加体育休闲活动的消费潜能。同时,对具体的体育休闲活动的选择也呈现出多元化的特点。

(三)学校体育场馆服务乡村发展的 SWOT 分析

1. 体育场馆 SWOT 条件比较分析

在社会学分析的基础上采用 SWOT 分析法,对该乡镇周边学校体育场馆内部条件和外部环境两个方面,从体育场馆内部优势(strengths)、体育场馆内部劣势(weaknesses)、体育场馆外部环境的机会(opportunities)、体育场馆外部环境威胁(threats)进行比较分析,从而初步探索学校体育场馆服务乡村发展的战略方向。其内部优势及劣势见表 5.6,其外部环境机会与威胁见表 5.7。

表 5.6 体育场馆服务乡村发展的内部条件分析

内部优势(S)	内部劣势(W)
1. 新建场馆设备齐全	1. 缺乏经营经验和经营自主权
2. 依托体育高校具有体育专业人才	2. 体育经营管理的实务人才较少
3. 隶属于学校,综合成本较低	3. 场馆社会知晓度较低
4. 设施多样,能满足不同层次的消费需求	4. 没有固定的社会参与群体
5. 安全、卫生、专业性强	5. 教学训练与产业经营功能矛盾

表 5.7　体育场馆服务乡村发展的外部条件分析

外部环境机会（O）	外部环境威胁（T）
1. 位于休闲生态区，具有产业发展潜能	1. 周边居民体育消费水平偏低
2. 周边国有企业和事业单位是潜在消费群体	2. 当地群众体育意识不强
3. 周边乡镇居民是潜在消费群体	3. 校园周边有一定数量的体育设施
4. 乡村振兴对体育设施和场馆的需要	4. 城市交通系统没有覆盖校园周边
5. 群众休闲体育意识逐渐增强	
6. 道路基础设施完善	

2. 体育场馆 SWOT 战略决策分析

在对位于该乡镇周边的学校体育场馆服务乡村发展的条件进行了 SWOT 分析之后，将四种条件进行比较，可以形成学校体育场馆服务乡村振兴发展的 SWOT 战略图（图 5.2）。

图 5.2　学校体育场馆服务乡村振兴发展的 SWOT 战略图

SWOT 战略图显示，乡镇周边的学校体育场馆在服务乡村振兴发展方面呈现出内部优势和内部劣势对等、外部环境机会大于外部环境威胁的结构。将来对于乡镇区域内学校体育场馆服务乡村振兴的战略应采取主动型策略和谨慎型策略。

随着乡村振兴的发展，乡村必将成为人们工作闲暇之余主要的放松度假之处。自然休闲生态区域能够提供绿水青山的优美环境，又有文化体育休闲活动，将会是人们愉悦身心首选的地方。开展乡村休闲体育活动需要体育场馆作为保障，对于地处乡村区域中的学校体育场馆，在服务教学训练的同时，应充分利用和拓展体育场馆的多元价值服务乡村振兴建设，充分利用体育场馆的潜在资源，形成乡村振兴的体育休闲特色，有利于提升学校的社会影响力，这是一个值得深入探讨的方向。

对位于乡村区域的学校体育场馆来说，如何服务乡村振兴建设，主要有以下三个方面的内容：第一，学校体育场馆面向乡村区域开放是对体育硬件设施进行有效完善的方式之一，为体育服务乡村振兴开展乡村体育活动提供了重要保障。第二，在学校体育场馆服务乡村振兴的过程中，要采取主动型和谨慎型战略决策策略。既要积极主动地进行体育场馆服务乡村振兴的理论研究和实践探索,又要保持严谨的态度。第三,在学校体育场馆服务乡村振兴的过程中,体育场馆在乡村发展中展示出了重要的作用,从而进一步提升了学校的社会认知度,形成了乡村振兴和学校互促融合发展的局面。

第四节　传统体育文化在乡村振兴中的现实意义

乡村振兴要有乡土特征、地域特点和民族特色的村庄风貌,就要有传统文化的传承。通过对中华优秀传统文化的继承与发挥,直接作用于村庄建设发展,满足群众的精神文化需求,以中华传统文化推广凝聚人心,汇聚民力,服务乡村振兴的建设发展。

民族传统体育文化是中华民族文化的重要组成部分,传统体育文化滋养了民族精神和民族之魂,也是传播中华优秀民族文化的重要载体。安徽民俗文化活动花鼓灯是中国花鼓灯艺术的主体,据考证最早起源于夏代,是中华民族文化艺术的主要表现形式。本节以安徽花鼓灯为例探讨传统体育文化特征及对乡村振兴发展的作用。

一、安徽花鼓灯发展进程中的传统体育文化特征

安徽花鼓灯是汉族具有代表性的民俗活动,主要通过歌、舞、戏等身体活动进行表现,起源自安徽省境内淮河两岸地区,分布在沿淮一带。对于花鼓灯的起源,有许多专家进行过考证,从相关研究来看,主要有"唐代说""宋代说""明清说"。虽然至今学界尚未统一观点,但是据相关研究,安徽花鼓灯的起源,最早可以追溯至夏代。安徽花鼓灯作为中华民族传统文化中民俗活动的代表,其自身也带有非常明显的传统体育文化特征。

(一)安徽花鼓灯的健身性

花鼓灯以锣鼓为主要音乐器具,运用折扇、手巾、岔伞等为道具,是一种由人体的舞蹈动作和民歌小调组成的基本活动形式,从中可以看出,不论是锣鼓使用还是舞蹈表现,作为花鼓灯的基本表演元素,都是需要通过人体运动来完成的,这是健身性的重要表现。在花鼓灯多样的艺术表现手段和基本功法中,都能体现出很强的健身性,在宋代之后的花鼓灯艺术表现和功法练习中,就已经开始融入了与武术和杂技相关的基本功法,像"雄鹰展翅""打虎式""弓箭步"等武术动作,"站肩""吊腰""虎跳""扑虎"等杂技动作。此外,花鼓灯从最初的表现形式"花鼓":一男一女、一鼓一锣、载歌载舞,到清代中后期在艺术形式上

由一男一女发展为多男多女,出现了群舞,使得越来越多的居民能够参与到花鼓灯的活动中,充分体现了广泛参与、有效健身的作用。如今,在民俗花鼓灯歌舞的基础上,通过对花鼓灯舞蹈动作进行提炼,创编了以花鼓灯舞蹈动作为基础,以健身为目的的群众性舞蹈——花鼓灯健身操。2004年,花鼓灯健身操被国家体育总局、中央文明办、共青团中央和中央电视台评为全民健身活动中具有很大推广价值的"四进社区"健身体育项目。

(二)安徽花鼓灯的娱乐性

在花鼓灯流传的过程中,其大多数时间主要根植于乡村生活之中,最突出的特点就是花鼓灯活动本身的娱乐性。在花鼓灯发展的过程中,如果没有娱乐性,使人们在精神上得到满足,那么在战乱频发、生活艰苦的历史时期,花鼓灯难以得到传承与发展。

在花鼓灯兴盛之时,男女老少都玩灯,乡乡村村都有灯班,形成了"千班锣鼓百班灯"的盛况。花鼓灯的演出俗称"玩灯",没有功利性,只是人们的一种娱乐生活的方式,玩灯的人和看灯的人都对花鼓灯表现出很高的热情。《安徽花鼓灯》中就有这样的记载:兄弟三人都喜欢玩灯,因为当"灯头"把家里的田地都卖了,也有"灯头"白天干活当长工,晚上组织玩灯。"花鼓灯一响,粑粑贴上墙",描述的就是当人们听到花鼓灯表演的锣鼓声时,急忙赶去观看,没有把粑粑贴在锅里,而是随手贴上了墙。这些文字记载,足以看出花鼓灯的娱乐性和人们对花鼓灯的喜爱程度。

(三)安徽花鼓灯的竞技性

《安徽花鼓灯》一书中谈到了花鼓灯的沿革,曾写道:"传说薛刚准备造反时,因不能公开练兵,借用玩灯这种形式演练,操练拳术武艺……"同时,从花鼓灯的专业词语中,可以看出花鼓灯与武术的渊源,在花鼓灯表演中,"鼓架子"以高超的武术技巧来表现艺术文化,其中"上盘鼓"的难度极大,是考量"鼓架子"水平的核心要素。在花鼓灯的流传过程中,可以看见花鼓灯本身包含很多传统体育元素,同时在发展过程中,也折射出了竞技性。

在现代社会中,安徽花鼓灯有多种多样的竞赛项目。在竞赛表现形式中,包括男子的"叠罗汉""虎跳"等动作,刚劲有力、灵活多变,以表现男子气概;而在女子动作中,需要表现女子的柔美,刚柔并济。这些花鼓灯动作,都是其竞技性的体现。

(四)安徽花鼓灯的教育性

体育中蕴含着爱国主义、集体主义精神,以及勇敢、顽强、拼搏进取的优良品质。在安徽花鼓灯中,其所包含的传统体育的教育性集中体现为花鼓灯在中国历史灾难时期彰显的激励教育和在和平时期呈现的阳光教育。

首先来看安徽花鼓灯在历史灾难时期的激励教育。安徽花鼓灯产生于淮河流域,从自然的角度来看,几百年来,"非涝即旱"是该地区自然灾害的重要特点。从地理位置来看,淮河地处中原,自春秋开始,已经成为兵家相争之地,在《诗·大雅·常武》中有"阚如虓虎,铺敦淮濆"。郑玄笺:"敦,当作屯……陈屯其兵於淮水大防之上以临敌。"从楚汉决战,项羽兵败,自刎乌江,南宋时期,宋金对峙以淮河为界……直到抗日战争时期,花园口决堤,此后黄河连续9年泛滥,受洪水之灾,仅沿安徽花鼓灯之乡的颍上、凤台、寿县、怀远、蚌埠、亳州、蒙城、凤阳等13个区域,就有几百万亩耕地被淹,在这样的灾难中诞生和流传的安徽花鼓灯,在抚慰当地居民的苦难的同时,也培养了当地居民顽强拼搏、坚强乐观的精神。

再来看安徽花鼓灯在和平时期的阳光教育。安徽花鼓灯热情奔放、刚柔并济、活泼积极、富有情趣,充分反映出这一民俗活动中阳光和充满正能量的教育作用。在和平时期,不论是在生产力较低的农耕阶段,还是在近代的曲折发展阶段,直到现代快速发展阶段,花鼓灯在表演内容和抒发情感上都体现出了喜悦、欢愉之情,这既可以表达在困难时期淮河沿岸居民对美好生活的积极追求、苦中作乐的精神,也可以反映出在美好生活的现代,人们抒发的一种感恩情怀和不断追求美好生活的精神状态。安徽花鼓灯通过舞蹈和灯歌的表达,很好地记录和传递了阳光积极的正能量。在安徽花鼓灯艺术作品《毛主席号召修淮河》中写道:"毛主席号召修淮堤,老百姓心里都欢喜……如不把淮河根治好,怎么对得起党和领袖毛主席。"在《农村一片新气象》中写道:"十一届三中全会指方向,我心也明来眼也亮,歌唱党的领导好,农村一片新气象……生活过得甜又香,感谢伟大的共产党。"在这样的传承过程中,所弘扬的正能量及所带来的阳光教育也是传统体育本身所具有的积极教育作用的表现形式。

二、安徽花鼓灯在现代社会中的基本发展现状

调查研究表明,在现代社会生活中,花鼓灯没有得到较好的传播和推广,未能够发挥其应有的功能和价值。在基本发展现状方面,本节侧重通过花鼓灯活动开展的基本现状,梳理分析主要制约因素。同时,提出要加深全社会对花鼓灯的了解,充分认识花鼓灯自身所具有的传统体育文化内涵和其外在表现形式,以及对现代社会和群众身体健康的重要作用,这样才能从根本上消除制约因素,从而进一步推动花鼓灯等一系列民族传统体育项目的开展。

(一) 从业人员的基本情况

调查研究显示,现有的花鼓灯从业人员参差不齐,目前花鼓灯从业人员的专业基础不同,导致现有专业人员的水平普遍不高。民间师承占比 26%,专业学习占比 18%,爱好自学占比 32%,家族传承占比 16%,其他占比 8%(表5.8),专业人员匮乏已经成为制约花鼓灯开展的主要因素之一。

表 5.8　从业人员基本情况简表

基本情况	数量	比例
民间师承	13	26%
专业学习	9	18%
爱好自学	16	32%
家族传承	8	16%
其他	4	8%
合计	50	100%

(二) 配套制度和专项经费的基本情况

调查研究显示,只有少数地区在文化发展等相关工作中涉及花鼓灯的有关内容。在专门为花鼓灯活动开展而制定相关配套制度和安排专项经费方面,存在明显的短板(表5.9)。

表 5.9　配套制度和经费基本情况简表

基本情况	数量	比例
相关配套制度	4	13%
专项经费	4	13%
涉及相关制度	14	47%
涉及相关经费	5	17%
其他	3	10%
合计	30	100%

(三) 认可程度的基本情况

调查研究显示,对参与花鼓灯活动的认可程度,中青年和老年人群体有一定差异。中青年群体以社会交往为主要目的参与花鼓灯活动占比 51%,而老年人群体以强身健体为主要目的参与花鼓灯活动占比 76%。因此,中青年和老年人群体参与花鼓灯活动动机的不同,可反映出他们对花鼓灯活动的认可程度有较大差异(表5.10)。

表 5.10 认可程度基本情况简表

基本情况	中青年	老年人
强身健体	30%	76%
休闲娱乐	16%	11%
社会交往	51%	10%
提高水平	2%	3%
其他	1%	0%
合计	100%	100%

(四)主要制约因素的表现形式

调查研究显示,目前制约花鼓灯开展的主要因素如下:专业人员匮乏占比96%,配套制度不完善占比89%,经费扶持力度不足占比78%,认可程度存在差异占比71%,自然环境改变占比51%,其他方面占比21%(表5.11)。

表 5.11 制约花鼓灯开展的主要因素简表

排序	主要因素	比例
1	专业人员匮乏	96%
2	配套制度不完善	89%
3	扶持经费力度不足	78%
4	认可程度存在差异	71%
5	自然环境改变	51%
6	其他	21%

除了上述主要因素之外,自然环境的改变也是主要制约因素之一。花鼓灯根植于广阔的农村生活中,从古至今有其独特的成长空间和参与群体。随着城乡融合发展、乡村振兴的全面推进,对花鼓灯活动的开展与推广既提出了新的挑战,也带来了重要的机遇。

三、传统体育文化在乡村振兴中的现实意义

(一)有利于丰富全民健身活动的内容,服务体育强国建设

党的十九大指出,应"广泛开展全民健身活动,加快推进体育强国建设",在全国第十三届运动会期间,习近平总书记在会见全国体育先进单位、先进个人

代表等时指出:"加快建设体育强国,就要坚持以人民为中心的思想,把人民作为发展体育事业的主体,把满足人民健身需求、促进人的全面发展作为体育工作的出发点和落脚点,落实全民健身国家战略,不断提高人民健康水平。"花鼓灯作为历史悠久、群众喜闻乐见的民俗活动,其本身所具有的丰富的传统体育文化特征,使其成为了独具特色的中国民族传统体育项目之一,能够很好地丰富全民健身活动的内容。

在乡村振兴的探索中发现,花鼓灯适合更多的人群参与。在群众参与花鼓灯的过程中,在享受花鼓灯活动所带来的乐趣的同时,发挥其健康身心、寓教于乐的体育作用,并且还能够通过花鼓灯本身的体育文化特征,体现出传统体育的精神与风尚。充分开展花鼓灯这样具有典型体育特征的民俗活动,丰富全民健身的内容,让更多的乡村人群积极参与其中,进而加快乡村体育发展,推动乡村振兴建设和体育强国目标的实现。

(二) 民俗活动中的体育文化研究是传统体育发展的内在动力

在文化发展与传承的过程中,时刻都体现出创造性和再创造性,传统体育作为民族文化的组成部分,始终都随着社会文化的变革而不断发展。习近平总书记多次强调要传承和弘扬中华优秀传统文化,博大精深的中华传统文化积淀着中华民族最深沉的精神追求,既是中华民族生生不息、发展壮大的丰厚滋养,也是中华民族的突出优势,是我们最深厚的文化软实力。作为民俗活动的花鼓灯,在不同的历史时期,呈现出了不同的作用,但可以肯定的是,不论花鼓灯在演变传承的过程中发生何种改变,其所包含的体育特征不仅没有改变,而且日渐突出。这是花鼓灯作为传统体育活动的重要特征,也充分证明了花鼓灯既是中华传统民俗活动,也是传统体育活动的杰出代表。在乡村振兴的过程中,要从民俗活动中汲取传统体育文化的内涵,要从民俗活动中挖掘传统体育文化,只有坚持从历史走向未来,从延续民族文化的血脉中开拓前进,努力从中华民族世世代代形成和积累的优秀传统文化中汲取营养和智慧,我们才能做好对传统体育文化的研究,并在传承和弘扬民俗活动的同时,发挥传统体育的文化作用,这是传统体育发展的内在动力。

(三) 提升民族体育文化自信,促进民族体育文化走向世界

文化自信是中华民族伟大复兴的重要动力之源,坚定文化自信,必须大力弘扬中华优秀传统文化。对传统文化要坚持取其精华、去其糟粕、批判改造、推陈出新、古为今用的方针,强调要处理好继承和创造性发展的关系,重点做好创造性转化和创新性发展。中国传统体育文化是中国传统文化的重要组成部分,在文化自信方面,传统体育文化要发挥重要的担当作用,特别是在乡村振兴的

进程中，通过对民俗活动花鼓灯中传统体育文化特征的研究，准确认识和把握花鼓灯中传统体育文化的发展规律。中国的乡村是中华传统文化的根源所在，在全面建设现代化乡村的过程中，既要传承好传统体育文化，也要抓住乡村振兴的发展机遇，推广传统体育文化项目。应通过对传统体育文化项目的推广和发展，将中国优秀民族传统体育文化推向更广阔的空间，走出国门，走向世界。

第六章 体育服务乡村振兴的机遇和挑战

党的十六大及之后党中央的一系列会议、文件都把"三农"问题置于重中之重的位置，2006年社会主义新农村建设提出"生产发展、生活宽裕、乡风文明、村容整洁、管理民主"二十字方针，侧重于关注如何加快农村发展。党的十九大提出乡村振兴，并明确了"产业兴旺、生态宜居、乡风文明、治理有效、生活富裕"的要求，更加注重农村如何更好地发展。

乡村振兴是中国对"三农"问题不断思考，在实践中不断积累经验而逐步形成的。既有深刻的历史渊源，也有强大的现实依据。促进乡村振兴，能够减小城乡差距，促进农村的结构优化，新时代的乡村振兴战略，是基于新农村建设的升华，能够着眼于当前的社会发展形势，真正解决"三农"问题，让新时代中国发展的区域差异、城乡差距不断缩小。在新的历史方位中实施乡村振兴，为新时期农村体育的发展提供了时代机遇，为了有效发挥体育服务乡村振兴的作用，应该对体育服务乡村振兴所面对的机遇和挑战进行分析。

第一节 体育服务乡村振兴的机遇

党的二十大提出新时代、新征程全面建成社会主义现代化强国的使命任务。体育强国是实现中国式现代化、全面推进中华民族伟大复兴的重要组成部分。为学之实，固在践履，要认真学习党的二十大精神，汲取理论伟力、思想精髓，深刻理解体育强国以及乡村体育高质量建设发展的重要意义，构建满足乡村体育高质量发展的新格局，把握体育服务乡村振兴的机遇。

一、建设体育强国是中国式现代化国家的重要部分

党的二十大在全面总结过去5年工作的基础上，明确提出并阐述了中国式现代化是中国共产党领导的社会主义现代化，既有各国现代化的共同特征，也

有基于自己国情的中国特色。提出了实现全面建成社会主义现代化强国两步走的战略安排，高瞻远瞩地对未来5年和到2035年及2035年之后的发展目标进行了顶层设计，对体育强国建设再一次明确要求，指明方向。

党的二十大在总结5年来的工作中，明确指出中华传统文化得到创造性转化、创新性发展，文化事业日益繁荣，成功举办北京冬奥会、冬残奥会，青年一代更加积极向上，全党全国各族人民文化自信明显增强、精神面貌更加奋发昂扬。在阐述到2035年我国发展的总体目标中，确定了要建成教育强国、科技强国、人才强国、文化强国、体育强国、健康中国，使国家文化软实力显著增强。在具体阐述"推进文化自信自强，铸就社会主义文化新辉煌"中的"繁荣发展文化事业和文化产业"部分时，对新征程中的体育发展提出了"广泛开展全民健身活动，加强青少年体育工作，促进群众体育和竞技体育全面发展，加快建设体育强国"。

党的二十大对实现体育强国目标，服务中国式现代化国家建设的论述言简意赅，既体现了体育强国建设在全面建设社会主义现代化国家全局中的地位、作用、意义，又具体提出了实现体育强国的主要任务。党的二十大也进一步揭示了体育强国是中国式现代化重要组成部分的三个基本维度：一是时间维度，到2035年基本实现社会主义现代化之时，必须在五个方面建设成为强国，体育强国是其中之一；二是内涵维度，通过五个方面建设成为强国，进一步彰显国家文化软实力，再次说明体育是国家文化软实力的重要组成部分；三是体系维度，五个方面的强国建设目标，是基本实现社会主义现代化的根本，它们既是相互独立的体系，又是相互促进的整体。

二、发展高质量的乡村体育是实现体育强国的关键之一

"体育强则中国强，国运兴则体育兴。"我们党一直高度重视发展体育事业，特别是党的十八大以来，以习近平同志为核心的党中央将体育工作摆在党和国家事业的关键位置，谋划、推动体育事业改革发展，加快推进体育强国建设，使我国体育事业取得了长足进步。

党的二十大提出了对党和人民事业具有重大现实意义和深远历史意义的三件大事。体育在这三件大事中都作出了应有的努力，彰显着体育自身的重要作用。特别是在完成脱贫攻坚、全面建成小康社会的历史任务中，体育发挥了重要作用。一是用体育精神提高思想境界，提升乡村精神财富；二是用体育功能增强身心健康，提升乡村的健康财富；三是用体育丰富科学智慧，提升乡村的知识财富。

党的二十大在"加快构建新发展格局，着力推动高质量发展"中指出，高质量发展是全面建设社会主义现代化国家的首要任务，并在这部分内容中对"全

面推进乡村振兴"进行了深刻论述。其明确指出"全面建设社会主义现代化国家,最艰巨、最繁重的任务仍然在农村",这既强调了乡村振兴是关系全面建设社会主义现代化国家的大事,也表明了乡村体育发展面临着机遇和挑战,同时也揭示了乡村体育高质量发展是实现体育强国目标和乡村振兴建设发展的应有之举。

乡村振兴和体育强国都是全面建设社会主义现代化国家新征程中的重要组成部分。要实现现代化国家,乡村必须要振兴,体育必须要强大。没有乡村体育的强大,体育强国就不可能完全实现,乡村振兴也无法完全实现。乡村振兴必须要有乡村体育的振兴,体育强国必然要有乡村体育的强大,二者缺一不可。因此,发展乡村体育既是实现体育强国的关键之一,也是推动乡村振兴高质量发展的内容之一。

三、乡村振兴背景下发展农村体育的重要性

经过一代代人的不懈努力,我国"三农"工作已经取得了很大的进展,我国已经全面开启建设现代化国家的新征程。体育在服务乡村发展,促进又好又快地实现现代化美丽乡村的目标上,不可替代且意义重大。对个人而言,乡村体育最直接的作用是促进身心健康、丰富文化生活,这点虽然是从个人的角度而言,但影响却非常深远,将影响整个乡村社会的经济发展,因为农民的身心素质会对农村的经济发展产生影响,所以在乡村振兴阶段以体育文化普及推广为路径,将有利于中华优秀体育文化的传播,进而对体育精神进行普及与推广,全面提升乡风文明,对乡村治理也有很大的推动作用。在未来的发展中,伴随着乡村振兴的深入开展,经济水平得到不断提升,体育将成为实现农村健康、可持续发展的重要力量。

历史是一面镜子,折射出许多历史现实。乡村的文明、生态、经济社会发展水平都会对全国的整体实力产生直接影响。虽然全面实现了小康社会,但是城乡间的差距仍然在经济实力、社会发展、基础设施、医疗卫生、体育事业等方面有着明显的体现。乡村振兴的全面实施,就是要精准解决目前存在的问题,缩小城乡之间的差距。这也给体育发展提供了新的空间目标和要求,体育在乡村振兴的过程中就是要紧紧围绕乡村振兴发展的总要求,以体育的价值功能服务乡村振兴的建设。

具体来看,随着乡村建设的发展,农民对体育文化的需求越来越多,随着农民参与文化体育活动日益广泛,他们对体育的认识和态度都会更加科学。思想是指导一切行为的动力,思想的正确与否将直接反映在行动中,正确的体育思想、态度将为体育服务乡村振兴打下更好的基础。近年来,我国对乡村基础设施建设的投资不断加大,随着人们生活水平的提高,乡村体育事业的建设和发

展将有很大的提升,这就给乡村振兴过程中体育工作的开展提出了明确的方向,应该坚持以人民为中心,提升农民的身体素质,不断加强体育服务乡村振兴的能力与水平,倡导社会多元资产投入乡村体育事业,进而为体育服务乡村振兴发展创造更加有利的条件。

此外,随着乡村振兴的全面推进和各项政策的实施,为更好地推进乡村发展提供了保障,城乡建设发展差距逐步缩小,农村经济社会发展"走出去""引进来",有利于我国农村体育事业的发展,在实现农村现代化、城市化和文明建设的同时,对农村体育事业的发展也产生了积极的影响,这样的影响都将成为体育服务乡村振兴的有利环境。

四、全面推进乡村振兴给农村体育带来新机遇

多年的研究和实践呈现出这样一个基本事实,经济条件和乡村发展水平与乡村体育发展有着密切的联系。首先是满足基本的生存和生活需要,当生活生产水平不断上升、物质收入等各方面有持续的保障时,追求丰富的精神文化生活的需求日益呈现。乡村体育发展或体育服务乡村振兴有效实施的前提是农民的物质生活水平不断提高、生产效率得到有效提升、空闲时间增多,这样,体育服务乡村振兴的实效性才能真正发挥。随着乡村振兴的全面推进,乡村产业的快速发展,农民的生活水平明显提升、收入持续增长,这给农民参与体育活动、乡村开展体育活动创造了良好的条件。此外,随着乡村体育工作的开展,参与体育活动的人数增多,体育的作用将显著发挥,这又对体育服务乡村振兴起到了很好的推动作用。

政策制度的制定与实施,在体育服务社会发展中起着非常重要的作用。1995年《中华人民共和国体育法》颁布实施,同年《全民健身计划纲要》也颁布实施,随后一系列关于体育的制度及政策先后出台,极大地推动了中国体育事业的发展。2008年北京奥运会和2022年北京冬奥会的成功举办,让北京成为全球唯一一座举办过夏季和冬季奥运会的城市。乡村振兴给体育带来的机遇,也可以归纳为在乡村振兴过程中相关政策制度给乡村体育发展带来的机遇。2021年《乡村振兴促进法》正式颁布实施,2022年《中华人民共和国体育法》再次进行了修订等,这些都为乡村体育的发展创造了新的机遇。

在发展乡村产业引领农民工返乡回村投身于乡村振兴的过程中,必须要把乡村产业的源头搞活,农民返乡回村创业的基础筑牢。在乡村社会发展中,体育的经济价值与作用对搞活乡村产业十分重要。乡村的田园基础、自然风光、绿色天然的种养产业融合体育元素,将会是非常好的体育休闲娱乐、开展研学旅游的优质平台。同时,广阔的乡村空间也是开展乡村体育活动很好的平台,不论是以农耕文化为主题,还是以群众性体育为主题的活动都会吸引更多的人

关心和参与其中,这些都是乡村产业发展的支持力量。当前在支持农民工返乡创业政策的扶持下,返乡回村的人群中有的投身于纯粹的农业生产,有的通过"农业＋"的方式创新产业发展模式,在体育产业方面涉足不多,但是因为他们长期在城市生活,对体育的理解、认知是有很好的基础的。因此,当务之急是引导返乡回村的这部分人群重视体育助力乡村振兴。当乡村原居民从城市务工的生活中重新回到乡村,投身于新时代乡村振兴的发展建设中时,他们必将成为体育文化的传播者、乡村体育生活的引领者和乡村体育产业发展的支持者。他们长期在城市打工所形成的体育思想和体育习惯,随着返回乡村,一定会给乡村带回城市体育的新理念,成为体育促进乡村经济社会发展的重要力量。

随着乡村振兴的全面推进,公共基础设施建设的不断完善,乡村体育设施将逐渐增多。体育基础设施建设是开展全民健身活动的基础,也是乡村振兴体育发展的主要内容。《乡村振兴促进法》针对农村体育设施明确指出,各级人民政府应当健全完善乡村公共文化体育设施网络和服务运行机制。这为农村体育设施建设提供了法律保障,应按照要求落实好相关工作,细化建设规范流程,让体育设施建好实用,发挥应有的功能,使其得到广大农民的喜爱。同时,随着乡村振兴的不断推进与深入,社会关注度持续增加,能够更好地吸引与鼓励社会力量对乡村体育建设进行捐赠,从而多渠道夯实乡村体育设施建设。

我国应健全基层管理机构,增强乡村体育推进管理的领导力和执行力。《乡村振兴促进法》指出要建立健全党委领导、政府负责、民主协商、社会协同、公众参与、法治保障、科技支撑的现代乡村社会治理体制和自治、法治、德治相结合的乡村社会治理体系,建设充满活力、和谐有序的善治乡村。在乡村体育发展过程中,要坚持农业、农村优先发展的原则,乡镇文化站、村委会都要积极探索行之有效的乡村体育管理模式。由于当前基层管理人员数额不足且体育活动开展的专业性高,这就对基层体育的管理提出了较高的要求。

随着农村社会的发展,按照乡村振兴的具体要求,农村生态环境和宜居环境都得到了很大的提升。随着"多规合一"的乡村建设方案的编制实施,能够为农村体育基础设施布局创造科学有利的局面。一方面,农民居住区域的合理布局,有利于农民居家生活与体育休闲相结合,进一步丰富文化体育氛围;另一方面,集中化的聚居使得体育设施发挥了最大的作用,在有限资金的投入下,让体育服务乡村的红利惠及更多人。最后,还要强调一下发展农村体育的经济价值。

由于发展农村体育的经济价值是乡村振兴的重要内容,因此大力发展农村体育事业对农民个人、农民家庭乃至整个农村社会都具有十分重要的经济价值。

其一,以家庭为基础进行分析,通过体育提高人的身心健康,使"因病返贫"

的风险大大降低。但是在现实生活中由于惯性思维、经验主义,仍有人认为能够以劳动替代体育,认为田间劳动的强度已经能够满足身体锻炼的需要,因此忽视了体育的价值。而被忽视的体育防病、治病、祛病的价值又是个人身心健康的保障,是避免"因病返贫"的良方。不生病、少生病减少了治病的费用,这为更好地生活提供了经济保障。

其二,从三产融合发展,优化乡村产业布局的层面进行分析。体育服务乡村振兴的过程是有效实现三产融合发展的途径,从农村产业结构优化的角度进行分析,发展农村体育能够实现农村资源优化配置,促进多个产业融合发展。随着人们对乡村生活态度的转变,对精神文化的追求变高,随之孕育而生的乡村休闲康体体育产业将如雨后春笋般出现,既增加了产业项目,又增加了就业岗位,最重要的是改变了乡村的整体产业模式,改变了乡村产业布局单一的现状,实现了三大产业的融合发展,促进了乡村振兴目标的实现。

第二节 体育服务乡村振兴的挑战

在充分认识到乡村振兴给体育发展带来机遇的同时,为了更好地发挥体育的作用,服务乡村振兴,有必要对当前阶段体育在乡村建设过程中遇到的挑战作出准确的判断。目前,在体育场地设施、体育组织建设、体育活动开展、体育指导人员队伍等方面都存在着诸多挑战。由于我国省情、区情、社情、民情的差异,特别是东、中、西部区域经济的巨大落差,造成了我国农村体育发展的严重不平衡。从总体上看,农村体育水平低、不全面、发展不平衡,还不能满足广大农村居民的体育文化需求,现阶段我国农村无论是人均体育场地,还是经常参加体育活动的人数以及组织化程度,与城市相比都处于较低水平。

相关研究表明,当前农村体育存在的不足主要体现在以下几个方面:一是体育组织化程度较低,体育产业嵌入乡村振兴不够,农村体育教育存在短板,体育场地设施建设滞后,农村体育竞赛平台较低;二是农民对体育存在误解,获取体育知识的途径较少,信息不通畅,参与体育的意识不强,对体育的认识不足,从而忽视了体育对身心健康等的诸多益处;三是基层政府特别是乡镇及村级层面在体育管理方面职能发挥不足,运行保障的规章制度没有发挥应有的作用;四是没有专业的体育组织指导农民开展健身活动,没有配备专业的体育指导员进行教学与指导,缺乏科学的体育管理体制;五是宣传力度不够,传统体育文化的观念不强,宣传体育文化的途径较窄,缺乏对体育精神和体育意志品质的有效宣传。

一、农村社会生活给体育建设发展带来的挑战

对体育认知的差异，使一些农民尚未形成正确的参与体育活动的态度，并且由于认知上的差异，导致了他们行为上的错误。一些传统观念认为，农民常年在田间地头辛苦劳作就是一种锻炼，认为不生病就是身体健康，这种无病就是健康的想法都是错误的。

在农村中，尽管体育活动的内容是丰富多样的，但是在农忙之后，农民的生活娱乐多数还是以打牌、喝酒等为主。产生上述问题的主要原因如下：第一，农村教育不均衡。在农村教育中，文化课的开展要好于体育课，虽说是重视体育教学，但实际上在具体的教学过程中还是粗放简单，课堂教学往往只是以做游戏、跑步等为主。第二，农村体育知识信息获得路径较窄，当今时代信息日新月异，农民对于体育知识的掌握与获得有着积极的意愿，但是获取相应知识的渠道并不多。这些因素汇集起来，就是造成乡村目前体育意识不强和发展困境的主要原因。

现阶段，服务体育活动开展的设施不足，营造良好的体育环境、助力乡村建设的环境条件仍然较为落后。体育活动的最佳场所是运动操场、广场等，相比之下，乡村场所极为缺少，房前屋后是多数农民选择活动的区域，但受到多种因素的影响，一般也只能简单地进行一些体育运动。同时，农村体育基础设施建设滞后，导致了健身设备单一、分布不均衡，健身器材维护工作不到位、闲置等突出问题。专项经费投入较少也是导致体育健身设施与现实需要有差距的原因。

除了体育健身设施保障之外，体育专业人才队伍建设也是体育服务乡村振兴的关键所在，乡村体育专业人才数和体育业务水平参差不齐。没有体育专业人才，乡村体育的发展将严重受限，这是乡村振兴中体育建设与发展必须面对的另一个挑战。原本可以成为乡村体育人才和骨干的这部分群体，他们从农村转移到城市，剩余的体育人才数量与农村体育发展需求相距甚远。体育人才队伍的培养不仅仅是让体育人才返乡回村，更是让他们留下来。通过深入观察可以发现，即便体育人才返乡回村，如果体育活动设施缺少、开展体育活动的环境得不到保障，那么体育人才也是引不回去的，更是留不住的。

二、制度政策方面对体育发展提出的挑战

新中国成立初期，我国采取的管理体制和机制集中体现为计划经济。在当时的管理模式中，所有经济、社会、文化、政治等方面的活动均被纳入统一的组织体系，农村体育活动开展也是如此。随着社会转型，经济和制度体系的转变，农村体育如何在更好的制度和运行模式下开展，一直是学者们研究的热点问

题。虽然从市场经济体制改革到现在已有40多年的时间,但是农村体育在制度政策建设方面的发展状况并不乐观。而且随着制度政策的多年延续且未作具体调整,再加上农民文化程度不高、体育知识匮乏、需求层次较低等原因,使其无法准确地表达或只是有限地表达体育诉求,从而逐渐演化成一种效率极低的乡村体育运转模式。

三、统筹城乡发展中农村体育面临新的挑战

随着城镇的快速发展以及统筹城乡发展的需要,使城镇在快速融合的进程中产生了许多方面的改变,其中最直接的就是人口流动,在从乡村流动到城市的这部分人群中,他们大部分思想较为解放、文化知识较为全面、有着较强的行动与执行能力。

乡村体育的发展最终要通过人的劳动付出得以实现。这部分人群因受到统筹城乡制度政策的吸引离开了乡村,他们是乡村体育潜在的一支队伍。随着这部分人群离开乡村,农村体育主力军逐渐丧失,这无疑给农村体育发展带来了新的挑战。而且在外务工的这部分乡村人口,既是直接也是间接的农村体育活动参与主体。所谓直接的主体是指这些人自身是积极参与农村体育活动的重要群体,间接的主体是指当他们在农村生活居住时,会带动家人和身边的人共同参与体育活动,但是随着他们外出务工,使得整个农村体育参与人群发生了改变。

从区域位置来分析,由于我国东部地区经济发展条件与环境要优于中西部地区,这就导致了我国大规模的人口流动。曾经农村的留守人口主要以老人、妇女、儿童为主,现在随着收入和保障水平的提高,有些地区的儿童和妇女也随之进城务工、生活,村里留守老人、妇女、儿童的比例又发生了改变。受到年龄、思想、经济等因素的影响,再加上体育技能缺乏,参加体育锻炼的意识淡薄,使农村体育活动的实际开展难以落实。

第七章　体育服务乡村振兴的运行策略

要将体育服务乡村振兴从理论探究层面转化为有效的行动,就必须对体育服务乡村振兴的运行策略进行阐述。体育服务乡村振兴在实践运行的过程中,既要找准有效的运行路径,又要遵循符合农村经济社会发展的客观规律。体育服务乡村振兴不是阶段性任务,是需要不断努力的。乡村振兴是一个新的战略,并且要经过长期努力才能实现全部目标,体育服务乡村振兴的首要阶段就是统筹体育与乡村振兴各要素之间的关系,设计整体的体育服务乡村振兴的框架体系,以抓规划促实施,以抓目标促实效,让体育服务乡村振兴有效运转。

近年来,我国对乡村振兴的建设力度加大,特别是体育基础设施建设较之前有了很大的提升,体育部门围绕着农业、农村、农民制定了各项制度,有力地推动了乡村体育工作的开展,为农村建设发展,发挥体育应有的作用。同时,随着"三农"工作越来越受重视,乡村体育工作的未来机遇巨大,必须要打牢基础,稳扎稳打地走好前进的每一步,科学地设计体育在乡村建设中的运行方案。

体育服务乡村振兴的策略是个值得长期探索的问题。应该从体育强国建设、贯彻落实《乡村振兴促进法》、构建乡村体育组织等方面深入思考。近代以来,我国从弱国到站起来,再迈入大国之列,奋斗道路极其艰辛,在这期间体育以自己的使命担当一直为国家的兴盛强大作出自己的努力。从一人参加奥运会,到第一块奥运金牌获得,再到2008年和2022年北京成功举办夏季奥运会和冬季奥运会,体育已经是中国特色社会主义事业建设的主要组成部分,在实现中国式现代化的新征程中体育战线又一次吹响了冲锋的号角,向着体育强国迈进。体育强国的内涵丰富且宽泛,是新时代体育工作的奋斗目标,也为乡村体育工作的开展和体育服务乡村振兴提供了良好的机遇。体育服务乡村振兴就是要精准围绕体育强国的建设要求,认真开展工作,推进各项任务的落实。

在乡村体育发展规划的过程中,要突出合理性,循序渐进,适度发展。对于乡村体育发展的整体思路,要坚持创新思维,面对乡村人员组成的实际结构,充分考虑外出务工、留守人员等情况,采取针对性的措施将长期在乡村生活的老年人、中青年人、妇女、儿童这部分群体,培养成推动乡村体育进步的关键力量。同时,也要重视返乡回村人员对乡村体育氛围和思想认识方面的影响。利用节假日返乡的机会,组织农村体育活动,通过活动带动留守人群逐步改变生活方式和体育观念。在活动组织和内容选择中,也应重视传统体育的文化性与民族性,中国是个多民族大团结的国家,各民族民俗与民风魅力无穷,农村各民族的民俗与民风是传统体育项目、体育类非物质文化遗产的载体。农村体育活动的开展,也要体现出民族优秀文化传承的作用,要注重以民俗与民风的特点,打造农村体育特色项目。

乡村振兴,产业是关键,在体育服务乡村振兴的过程中,应重视农村体育产业的发展。当今城市居民,在享受经济社会快速发展带来的便利的同时,也对农村原始、清新、静谧、和谐的氛围有着强烈的向往。因地制宜,发展有特色的农村体育旅游等体育产业,可为农村居民提供工作岗位,使从事体育活动不仅仅是一种消费,还可以成为农村居民增加收入的手段,并且乡村体验旅游可以为城市居民提供锻炼的空间,促进城乡之间以体育为载体的交流,解决城乡体育发展不均衡等问题。

第一节 依据法规政策实施体育服务乡村振兴

体育服务乡村振兴的有效运行需要综合各方面的力量才能实现,其中法规政策是维持体育服务乡村振兴有效运行的重要力量之一。对乡村振兴和体育工作的高度重视,更体现在法规政策的保障方面,尤其是近年来出台的《乡村振兴促进法》最具代表性。

2021年《乡村振兴促进法》出台,这是有效推动体育服务乡村振兴的重要保障。该法案的出台为保障乡村振兴快速发展提供了法律依据,特别是对乡村振兴的内涵意义、总体目标、具体要求、主要任务、相关责任等方面给予了明确的规定。在实现乡村产业发展,提高农民经济收入,丰富乡村精神与物质文明,建设绿色生态、宜居宜业的乡村环境,构建科学合理的乡村振兴管理队伍方面具有重要的作用。

体育如何在乡村振兴中发挥自身作用,为乡村更好地发展作出自己应有的贡献,结合《乡村振兴促进法》等法规政策,提出以下几点以作参考。

第一,设计以体育休闲为主题,乡村百姓喜闻乐见又易于开展的活动项目。比如,北方城市可以开发以冰上项目等为主题的乡村休闲体育产品,在南方城市可以开发以水上项目、户外徒步等为主题的乡村休闲体育产品。注重结合乡村农耕文化,打造包含休闲娱乐、观光旅游等具有体育特色又能充分融合乡土民情的乡村体育产业项目。

第二,中国具有几千年文明发展历史,时至今日,乡村依然是中国经济、政治、社会、文化发展的基石,承载着鲜明的地域特点和当地民俗文化特色。在体育服务乡村振兴中,应重视村庄建设的合理布局,《国家乡村振兴战略规划(2018—2022年)》将村庄分为四类:聚集提升类村庄、城郊融合类村庄、特色保护类村庄和搬迁撤并类村庄。《乡村振兴促进法》指出,坚持因地制宜、规划先行、循序渐进,顺应村庄发展的规律,根据乡村的历史文化、发展现状、区位条件、资源禀赋、产业基础分类推进。这就在具体建设的分类基础上,进一步明确了乡村体育设施建设的有关原则。合理的乡村布局优化了人居环境,再加上合理完善的体育设施建设,对体育服务乡村振兴的发展具有诸多好处。可见,推动乡村振兴能够进一步优化体育设施配置,让体育设施布局更加合理,满足多元化的体育和健身需求。同时,结合近期正在组织实施的新一轮"多规合一"的村庄规划设计方案的编制,进一步加强了资源整合,打造出了更加富有特色的体育服务乡村振兴的新局面。

第三,繁荣体育文化,为乡村体育发展培养精神力量。《乡村振兴促进法》明确指出,丰富农民文化体育生活,鼓励开展形式多样的农民群众性文化体育、节日民俗等活动,保护非物质文化遗产,弘扬红色文化,发展乡村特色文化产业等,以加强农村精神文明建设,不断提高乡村社会的文明程度。农村体育是传统赓续不可或缺的文化载体,千百年来农村体育文化对保持村民的归属感、凝聚力,维系家庭和谐、邻里和睦,维护社会秩序等发挥着重要的作用。体育服务乡村振兴要以农村体育文化繁荣,带动农民文化体育生活,要让生活体育化、体育生活化,利用节假日,促进体育文化繁荣,在乡村振兴中让体育传统文化得到更好的传承与发展,进而全面促进中华民族优秀传统文化的继承与发展。

第四,以生态宜居的乡村生态建设为契机,将体育服务乡村振兴同生态建设统筹推进。体育是公认的绿色产业,是非常适合乡村振兴建设发展的天然绿色的要素,这是体育产业能够在乡村大有可为的原因之一。在具体的体育服务乡村振兴的过程中,应该从体育的角度开发农村特有的生态资源,以"体育+"或"+体育"的形式,将山、水、田、林、湖、草、沙等自然要素与体育结合起来。《乡村振兴促进法》指出,建立健全城乡融合发展的体制机制和政策体系,推动城乡要素的有序流动、平等交换和公共资源的均衡配置。如今,乡村振兴持续改善农村人居环境,绿水青山的美丽生态乡村越来越多地让大家感受到了乡村的美。对村容村貌进行整修与提升,为保护耕地而限制农药化肥的使用,为减少碳排放量而禁止秸秆焚烧,搞"厕所革命",反白色污染等具体措施,让美丽的乡村生态环境基础越来越扎实。有了这样的绿色生态的乡村基础,再结合当地的风土人情,叠加城市休闲娱乐的理念,让城乡融合发展,打造具有乡村体育特色的活动,吸引更多人关心支持乡村振兴发展,让更多人融入到乡村振兴的大美环境之中,感受乡村体育带来的新感觉,让体育服务乡村振兴建设的有益作用惠及社会更广的区域。

第五,治理是乡村发展的重要环节,完善乡村治理体系是促进体育管理体制健全的基础。目前,我国乡村治理体系与能力现代化水平处于发展提升阶段,对于治理理念的认识及有效实现治理能效等还有许多方面需要抓紧完善。地方各级政府和文化体育管理部门,应当带头做好对体育服务乡村振兴治理能力和治理体系的建设,充分认识到体育在基层社会尤其是乡村建设中的治理作用。全面推进乡村振兴必须抓好有效治理这个环节,善治乡村才能有体育服务乡村振兴好的环境。试点乡村公共体育治理改革,构建有效的乡村体育服务和运转机制,从顶层设计、职责分工、体育文化知识普及、体育专业管理人员培养等方面探索乡村体育公共服务体系建设。在乡镇文化站等组织机构的带动下依托村委会,真正使体育服务乡村振兴的具体举措和有益作用惠及更多村民,健全体育服务乡村振兴的农村基层公共体育服务体系。治理体系要通过治理能力来发挥整体作用,最终都要通过人来完成。在体育服务乡村振兴中,要想充分发挥体育的治理能效的作用,必须要依托乡村体育的专业人才队伍。在体育管理人才建设尤其是专业型文化体育管理人员的配备上优先考虑,尽快选优配齐,不仅仅应在体育服务乡村建设的过程中,而且应在乡村振兴的全过程中充分尊重人才、发现人才、培养人才。

第六,乡村公共体育设施建设既是体育服务乡村振兴的基础,也是体育服务乡村振兴的重要内容。《乡村振兴促进法》指出,各级人民政府应当健全完善乡村公共文化体育设施网络和服务运行机制,为农村体育设施建设提供法律依据,确保各级各地贯彻落实到位。各地农村要加大体育设施建设审批领域"放管服"改革力度,协调本地发展改革、财政、生态环境、住房建设等相关职能部门,简化、优化审批程序,提高体育设施的审批效率。近年来,条件成熟的乡村都在积极进行乡镇体育健身中心、健身文化广场、乡村文体活动中心、篮球场、乒乓球台、健身步道、健身路径等体育设施项目的建设。对于目前基础较差、底子较薄弱的乡村应该格外关注其体育场地设施建设。在具体的操作中,通过社会捐赠,支持社会资本到农村投资,多渠道筹集乡村体育设施的建设资金,完善乡村体育设施是体育服务乡村振兴过程中应该关注的。

第二节 对体育服务乡村振兴有效运行的思考

体育服务乡村振兴有效运行的动力,对于发展农村体育活动来说具有丰富的价值。将这些丰富的价值从理论可行转化为现实，是需要进行思考的问题。

从体育服务乡村振兴的具体实践来看，比如，在产业方面，体育通过体育旅游、体育赛事展演等方面能够促进经济增收，促进产业提升；在人才方面，通过村级学校教育，尤其是体育教育能够让青少年茁壮成长，广育青少年栋梁之才，做好村里的基础教育工作；在文化方面，通过对体育传统文化的传承，注重提升村民的精神风貌，培育新时代乡风文明建设；在生态发展方面，合理布局并建设健身和文化体育活动设施，建设好生态宜居的美丽乡村，让广大农民有更多获得感、幸福感。并且，通过发挥村级党组织的领导和管理作用，引导体育服务乡村建设，使体育服务乡村振兴能够有效地开展。

从村级管理层面来看，体育服务乡村振兴的具体过程可以同村级管理体系有效衔接。比如，通过村级网格化管理，建立村级乡村振兴的体育服务网格化架构，提升体育在乡村建设中的作用和实际效果。结合村级自然资源和旅游资源以及村庄规划，加大对体育产业发展的谋划，并通过有效运作和实施，实现发展体育产业促进乡村集体经济的增收。结合村庄基础设施建设，合理布局体育健身场地，利用好农村的地貌，科学建设体育活动场地，既满足村民的日常健身需要，又满足村里青少年体育教育和体育活动的需要。适时组织体育赛事活动，注重体育竞赛的趣味性和层次性。增加健身操、广场舞等强身健体的体育活动，逐步从村里的体育爱好者中，培养农村体育社会指导人员队伍，更加有效地促进农民开展健身活动。发挥新时代文明实践中心的作用，拓宽体育文化的宣传途径，加强体育的宣传力度，宣扬优秀体育文化。

重视从态度方面引导乡村社会以及村民对体育的重视程度。思想是具体行动的指挥棒，体育服务乡村振兴不论是乡村社会还是生活在乡村社会中的每个村民，首先要树立起对体育的科学态度，缺乏这样的态度就无法在思想上高度重视，在实践上就难以有所行动。在现在的乡村生活中，人们在健身观念上存在误区，那些"体力劳动就是锻炼"的思想还非常盛行。许多村民认为日常的生产劳作完全可以代替健身锻炼，这些误区都会影响体育服务乡村振兴的具体实效。因此，态度和思想认识是体育服务乡村振兴必须要重视的首要问题。

体育硬件和软件同步发展，在打造体育场地设施硬件基础的同时，对文化体育活动、体育科学知识普及等软件内容也要积极推进。通过增加体育开发资金投入、扩大体育场地设施建设、安装健身锻炼器械等方法，逐步解决影响体育服务乡村振兴的硬件保障问题。同时，要让硬件发挥作用就必须要开展各项文化体育活动，通过体育场地设施的数量和文化体育活动的质量，促进体育服务乡村振兴。

建立农村社会体育指导员队伍，发挥乡村体育爱好者的积极作用。并且针对开展农村基层体育活动的组织机构的现状，培养一批能够深入基层去指导农民进行科学体育锻炼的指导员。在体育服务乡村振兴中要充分发挥村民的积极性和主动性，同时要对体育服务乡村振兴需要的组织机构进行完善，加强政府对农村基层体育的管理，加强体育和文化部门对体育服务乡村振兴的指导。

整合多种资源形成体育服务乡村振兴的合力。虽然乡村体育发展还存在着比较薄弱的环节，但是乡村还是拥有一些有利于体育发展的资源要素。比如，在乡村教学中，重视乡村中小学体育师资力量和体育活动的辐射作用；在乡镇农民体育运动会、中小学每年举办的体育活动及篮球赛和足球赛等活动期间可用广播、条幅等进行宣传，进一步营造体育服务乡村振兴的氛围；中国地域辽阔，不同的地区有不同的体育文化，应充分结合村里的民俗文化，推广传统体育文化活动。

2022年，农业农村部、国家体育总局、国家乡村振兴局联合印发了《关于推进"十四五"农民体育高质量发展的指导意见》，这是继《关于进一步加强农民体育工作的指导意见》《关于体育扶贫工程的实施意见》之后，又一项针对乡村体育发展的指导政策，对新时期的农村体育工作提出了新要求、作出了新部署。

党的十八大以来，我国体育事业进入快速发展阶段，乡村体育公共服务虽说还有很大的提升空间，但基础水平已经有了稳步提升。北京冬奥会的成功举办，带动3亿人参与冰雪运动，使更多的人加入到体育活动之中。特别是我国如期完成了脱贫攻坚的目标任务，全面建成了小康社会，为实现体育服务乡村振兴开好局提供了基础条件。

在全面推进乡村振兴的大潮中，深入推进体育服务乡村振兴意义非凡。一方面，农民对体育文化的需求日益增长。我国拥有数量庞大的农民群体，乡村居住人口达50979万人。据农业农村部统计显示，2021年农村居民人均可支配收入较2012年翻了一番多。通过体育服务乡村振兴让农民积极广泛地参与体育活动，增强体质，促进身心健康，改善精神面貌，共享乡村振兴带来的红利，提高农民生活幸福指数，实现体育强国。另一方面，农业、农村的发展也需要体育产业的辐射带动效应，体育产业链条长，可以与餐饮、旅游、文化、教育、会展、纺织服装、装备制造等产业融合互动，由此促进产业全面发展，乡村全面振兴。

第三节　体育服务乡村振兴的运行策略

体育服务乡村振兴是一个渐进的全新过程，在这样一个过程中会遇到各种各样的困难。目前，乡村体育的开展，同村民的需要还有较大差距，这不仅需要正视，更要具有信心，不断探索有效的解决办法。在体育服务乡村振兴的过程中，从组织结构的角度来看，应该重视顶层设计；从运行推进的角度来看，应该重视具体策略。

　　首先要围绕产业发展,推进体育服务乡村振兴的运行。体育和乡村振兴的主管部门要加强顶层设计和布局,体育部门要立足于体育,从政策、制度等方面出台相应的政策,乡村振兴部门要立足于乡村发展,在制定乡村发展规划和政策的过程中,预留体育服务乡村振兴的空间。特别是对于乡村体育产业的发展,应该以5年时间制定阶段性发展规划,从宏观层面为加快体旅融合、打造乡村特色体育运动和活动、加快推动体育产业高质量发展等绘制蓝图。推进民族、民间、民俗体育快速发展,带动乡村旅游和特色农产品销售,助推"体育+乡村产品消费"平台的构建,动员各类体育企业为农民工就近解决就业问题,创造更多灵活就业的机会和增收渠道,提升农村体育公共服务水平,推动农村体育公共服务均等化。打造"体育赛事+乡村旅游+传统文化+全民健身"等多元融合发展的群众性体育品牌,紧扣当地实际,抓住体旅融合发展的契机。创建品牌赛事助力体旅融合发展,以坚实的基础设施建设、高效的宣传、较大的招商引资力度促进体旅融合发展。结合农产品采摘季丰富的赛事活动,探索农产品与体育赛事结合的渠道,聚集人气,宣传、推介、营销乡村旅游,助力乡村振兴。

　　其次要服务生态宜居建设,推进体育服务乡村振兴的运行。不断完善乡村公共体育服务体系,丰富农村体育设施,改善居住条件和乡村环境风貌,实现乡村生态宜居。一是体育行政部门应强化农村体育设施建设规划,结合省级出台的政策文件,进一步明确加快完善乡村体育基础设施建设,提出明确的时间节点和具体的场地建设内容。二是省级体育行政部门应加大农村体育设施建设力度,对时间较久的体育设施开展维护更新工作。对于尚未进行体育设施建设的区域,要抓紧推进建设,实现乡村地区体育活动设施的全覆盖。三是建设体育特色项目,依托特色自然资源,开展体育旅游、体育康养等产业融合项目,打造一批体育特色村庄、民宿项目。省级体育行政部门要联合文化和旅游等部门,共同制定乡村民宿产业发展规划,促进民宿产业高质量发展,推动民宿集群化、规范化、品牌化发展,通过规划先行、产业带动,促进乡村民宿发展,全面做好生态宜居建设。

　　再次要突出乡村文明建设,推进体育服务乡村振兴的运行。体育行政部门应该重视体育科学知识、体育科普宣传对乡村振兴的促进作用,以及宣讲健身知识、教授运动技能及弘扬健康理念的传播作用。以乡村国民体质监测活动为基础,开展形式多样的乡村体质测试,为乡村群众进行健康测试分析,并提出合理的科学健身建议。积极开展体育科普视频制作与宣传,并结合自媒体平台、互联网技术的运用,采取"线上+线下"等多样化的宣传模式,联合推出"体育+文化+健康"系列主题的宣传视频,普及科学的健身方式与健康的生活理念。进一步发挥体育的教育作用,组织社会体育指导员、体育教练员、体育骨干教师深入乡村一线,进行体育教学和体育健康知识服务活动,为基层广泛培养体育爱好者和体育骨干力量,真正发挥宣传科普体育知识、体育理念、体育技术的作用,进而通过乡村体育活动的开展,促进乡风文明的建设。

最后要围绕着村民生活富裕,推进体育服务乡村振兴的运行。体育行政部门要积极组织开展群众体育赛事活动,宣传乡村振兴的有关政策,让广大群众享受乡村振兴的红利。因地制宜地结合当地的民俗和习俗,通过农民运动会、民族运动会,将民俗、民间体育融入其中,开展具有乡土气息的传统体育项目和农民喜闻乐见的体育活动,将民俗活动传承并发展好,助力农民乡村生活幸福感的提升。

参 考 文 献

[1] 范建华. 乡村振兴战略的时代意义[J]. 行政管理改革,2018(2):16-21.
[2] 孔勇. 论中国传统文化对体育的影响[J]. 教育教学论坛,2018(49):99-100.
[3] 罗凑平. 马克思人的需要理论及其当代价值[J]. 学理论,2013(31):48-49.
[4] 扈诗兴,戴晓敏. 统筹城乡发展背景下农村体育发展面临的机遇与挑战:以重庆为例[J]. 重庆文理学院学报(社会科学版),2013,32(5):153-156.
[5] 杨小明,夏成前.《乡村振兴促进法》实施背景下农村体育发展机遇与策略[J]. 体育文化导刊,2022(1):60-64.
[6] 刘凡荣. 发展农村体育的经济价值、困境与优化路径[J]. 农业经济,2022(7):140-142.
[7] 黄承伟. 推进乡村振兴的理论前沿问题[J]. 行政管理改革,2021,8(8):22-31.
[8] 吴晓. 新中国成立以来农业农村发展成就与经验[J]. 农业工程技术,2019,39(27):8-12.
[9] 阮永福,王厚民,郑星超. 新农村建设中农村体育发展的困境与对策[J]. 安徽农业科学,2010,38(36):21101-21103.
[10] 王宁. 习近平关于体育工作重要论述对体育高职院校人才培养指导研究[D]. 长春:吉林大学,2022.
[11] 丁洁. 推进乡村振兴,建设美丽利津[J]. 农家科技(下旬刊),2019(7):3.
[12] 邢丹丹. 习近平关于乡村振兴战略重要论述研究[D]. 桂林:广西师范大学,2022.
[13] 习近平. 坚持把解决好"三农"问题作为全党工作重中之重,举全党全社会之力推动乡村振兴[J]. 农家参谋,2022(16):12-23.
[14] 张安. 实施乡村振兴战略的思考[J]. 赤子,2020(6):209-210.
[15] 郑晰. 乡村振兴背景下村庄发展分类问题研究:以 X 区为例[D]. 南昌:南昌大学,2021.
[16] 陈丛刊. 体育治理体系和治理能力现代化的内在逻辑、构成要素与实现途径[J]. 体育学刊,2020,27(6):46-50.
[17] 吴理财. 近一百年来现代化进程中的中国乡村:兼论乡村振兴战略中的"乡村"[J]. 中国农业大学学报(社会科学版),2018,35(3):15-22.
[18] 吴晓. 砥砺奋进铸就农业农村辉煌成就,继往开来谱写乡村振兴壮丽篇章:新中国成

立以来农业农村发展成就与经验[J].中国经贸导刊,2019(18):18-22.
[19] 陶恩海,程传银.体育教科书中革命传统的书写:现实样态、内容构建与未来路向[J].武汉体育学院学报,2022,56(9):83-90.
[20] 梁利民,徐波.需要与创造:体育生活化的源与质:来自1997年广州、深圳国际大众体育研讨会的思考[J].广州体育学院学报,1998(1):6-10.
[21] 蔡琳,张莹.乡村多元价值内涵解释及路径探寻[J].中国农业会计,2022(5):93-96.
[22] 罗勤.新疆昌吉州农村学校体育在新农村建设中作用的调查与分析[D].乌鲁木齐:新疆师范大学,2010.
[23] 黄鹤.吴中区乡村振兴中的生态文明建设研究[D].苏州:苏州科技学院,2019.
[24] 阮氏美缘.基于游客满意度的越南海防市涂山郡文化旅游发展对策研究[D].桂林:广西师范大学,2022.
[25] 宋继碧,赵罂.生命共同体理念下乡村生态振兴的法治保障研究[J].成都行政学院学报,2020(6):24-29,72.
[26] 渠欣丫.体育强国背景下广州市高中学生体质健康现状分析与对策研究[D].广州:广州体育学院,2021.
[27] 徐从升.山东省城乡体育保障体系研究[D].曲阜:曲阜师范大学,2012.
[28] 周南.破除城乡二元体制实现城乡融合发展[J].中国经贸导刊,2019(27):13-16.
[29] 徐新萍.美好乡村建设与农村体育公共服务互动发展的实证研究:基于安徽铜陵的个案考察[D].重庆:重庆师范大学,2019.
[30] 刘梅英.中国工业化进程中农村体育问题研究[D].南京:南京师范大学,2011.
[31] 闻雯.广东省传统村落全域风景化评价体系构建及实证研究[D].广州:广东工业大学,2022.
[32] 于浩冉.习近平乡村振兴重要论述研究[D].济南:山东中医药大学,2022.
[33] 刘素君.政策试验何以在中国落地开花?基于中西方文化差异视角[J].南方论刊,2022(8):45-48.
[34] 《黑龙江档案》编辑部.立意高远的乡村振兴战略[J].黑龙江档案,2018(2):110.
[35] 周颖华.杨贤江"全人生指导"教育思想及现代意义[D].长春:东北师范大学,2007.
[36] 冯应斌,孔令桑,郭元元.我国土地整治的发展历程及展望[J].贵州农业科学,2018,46(6):135-139.
[37] 左林.乡村吹来温馨的体育之风[J].农村工作通讯,2022(15):58-59.
[38] 杨小明,姚磊.乡村振兴背景下不同类型村庄体育场地设施布局策略[J].体育教育学刊,2022,38(3):77-80.
[39] 杨伟荣.中国乡村发展伦理研究[D].南京:南京师范大学,2020.
[40] 陶波.乡村振兴背景下对精准扶贫中稳定脱贫的思考[J].中国林业经济,2019(1):143-144.
[41] 王鹏.新时代非公企业党的组织力提升研究[D].济南:山东大学,2022.
[42] 陈仁水.坚持三个"第一"实现三个"确保"为乡村振兴提供人才支撑[J].时代农机,2018,45(6):5.
[43] 葛丹东.空间至机制:基于乡村视角的村庄规划建设研究[D].杭州:浙江大学,2008.
[44] 姜博为.黑龙江省农村扶贫法律问题研究[D].哈尔滨:东北林业大学,2016.

[45] 李春丽. 乡村振兴下的农业经济发展机遇和对策[J]. 中国乡镇企业会计,2022(8): 12-14.

[46] 王欢. 基于集群理论的我国城乡群众体育统筹发展研究[D]. 南京:南京师范大学,2010.

[47] 房正宏,刘丹艳,郎娇娇. 皖北乡村文化振兴的策略与路径探讨[C]. 第十届淮河文化研讨会论文集,2019:86-94.

[48] 郭剑. 体育类高职院校社会服务功能开发的研究[J]. 灌篮,2019(10):225,228.

[49] 胡洋洋. 乡村振兴战略背景下农村生态文明建设研究[D]. 重庆:重庆工商大学,2022.

[50] 刘联晗. 中国地方政府对体育事业注意力测量及其配置变化研究[D]. 成都:西南财经大学,2022.

[51] 朱智超. 终身体育视域下乒乓球运动的体育价值开发研究[D]. 曲阜:曲阜师范大学,2021.

[52] 海日. 议程设置视域下澎湃新闻"乡村振兴"报道研究[D]. 呼和浩特:内蒙古大学,2022.

[53] 蔡望. 农村社会组织参与乡村社会治理的困境及对策研究:基于重庆市南岸区峡口镇乐和模式实践[D]. 重庆:重庆大学,2015.

[54] 张建平. 决胜全面小康背景下"三农"问题的现状和对策研究[D]. 重庆:重庆师范大学,2018.

[55] 李娟. 村民参与乡村治理的调查研究:以四川省南江县下两镇为例[D]. 成都:西南财经大学,2018.

[56] 娄旭. 花鼓灯中的传统体育文化特征及在现代社会中作用的研究[J]. 阜阳师范大学学报(自然科学版),2021,38(1):104-107.

[57] 崔剑. 浅析实施乡村振兴战略的几个问题[J]. 新西部(上旬刊),2018(12):36-39.

[58] 刘静雯. 习近平体育情怀的历史源起、时代特征及使命担当研究[D]. 济南:山东体育学院,2021.

[59] 唐丛丛. 乡村振兴战略背景下我国农村公共体育服务的治理路径研究[D]. 徐州:中国矿业大学,2019.

[60] 范建华. 乡村振兴战略的理论与实践[J]. 思想战线,2018,44(3):149-163.

[61] 冯宇. 基于消费者体验的乡村旅游转型改革研究:以北京市密云区乡村旅游改革为例[D]. 北京:对外经济贸易大学,2019.

[62] 宋明伟,吕立,于江杨. 新中国五代领导人关于体育的重要论述及逻辑意蕴[J]. 浙江体育科学,2021,43(4):7-12,79.

[63] 李佳雨,冯瑞霞,周灵云. 乡村振兴战略背景下发展乡村体育促进乡村振兴的创新研究:基于"中庸"思想[J]. 农村经济与科技,2020,31(15):308-311.

[64] 李前秀. 基层党组织引领村级治理研究[D]. 南京:东南大学,2020.

[65] 赵吉峰,邵桂华. 我国竞技体育高质量发展的系统动力学模型与模拟仿真[J]. 上海体育学院学报,2022,46(3):50-61.

[66] 姜熙. 新修订《体育法》"竞技体育"章的条文解读、立法评析和配套立法完善[J]. 武汉体育学院学报,2022,56(9):45-55.

［67］ 刘青. 妇联组织参与乡村振兴战略的问题与对策研究:以山东省 J 市妇联为例[D]. 济南:山东大学,2022.

［68］ 吴迪. 遴选特色体育项目,塑造城市品牌:对肇庆市体育产业发展的思考[J]. 佳木斯职业学院学报,2016(7):388-389,392.

［69］ 杨刚勇. 乡村振兴战略背景下《生财有道》栏目的涉农题材框架研究[D]. 重庆:重庆交通大学,2022.

［70］ 袁潇. 乡村振兴战略背景下体育促进西南地区贫困治理路径研究:以重庆万盛凉风村为例[D]. 上海:东华大学,2022.

［71］ 朱鹏,陈林华. 体育助力乡村振兴的经验与价值及路径选择[J]. 体育文化导刊,2021(2):28-35.

［72］ 许彩明,段国伟. 我国农村体育公共服务在乡村振兴中的作用探析[J]. 湖北体育科技,2018,37(11):952-954,1015.

［73］ 任海. 乡村振兴战略与中国特色城乡体育融合发展[J]. 上海体育学院学报,2021,45(1):1-8.

［74］ 庞好月. 新时代我国农村基层文化建设研究[D]. 济南:山东大学,2022.

［75］ 张海涛. 体育强国建设背景下漳州市芗城区初级中学体育教学环境现状及优化研究[D]. 漳州:闽南师范大学,2022.

［76］ 董迅石,丁宇. 新时代文明实践研究[J]. 中国集体经济,2022(13):87-90.

［77］ 乌日拉嘎. 地区发展模式下牧区脱贫攻坚成果巩固与乡村振兴有效衔接路径研究:以四子王旗 X 嘎查为例[D]. 呼和浩特:内蒙古大学,2022.

［78］ 中国城市科学研究会,住房和城乡建设部村镇建设司. 中国小城镇和村庄建设发展报告[M]. 北京:中国城市出版社,2009.

［79］ 杨开道. 中国乡约制度[M]. 北京:商务印书馆,2017.

［80］ 费孝通. 乡土中国·乡土重建[M]. 北京:群言出版社,2016.

［81］ 陈胜祥. 中国农民土地产权幻觉研究[M]. 北京:中国社会科学出版社,2015.

［82］ 秦晖. 传统十论[M]. 北京:东方出版社,2014.

［83］ 吴晗. 皇权与绅权[M]. 武汉:华东师范大学出版社,2014

［84］ 孔飞力. 中国现代国家的起源[M]. 北京:生活·读书·新知三联书店,2013.

［85］ 梁利民. 我国体育生活化探索[D]. 北京:北京体育大学,2006.

［86］ 费孝通. 江村经济[M]. 北京:北京大学出版社,2012.

［87］ 黄英伟. 工分制下的农户劳动[M]. 北京:中国农业出版社,2011.

［88］ 李金海. 身份政治[M]. 北京:中国社会科学出版社,2011.

［89］ 习近平. 决胜全面建成小康社会 夺取新时代中国特色社会主义伟大胜利[M]. 北京:人民出版社,2017.

［90］ 宋惠敏,戴溥之,孙红军. 城乡一体化中的农民工阶层流动与社会融合[M]. 石家庄:花山文艺出版社,2012.

后　　记

　　2020年5月，我主动接受组织任命，作为安徽省第七批选派干部光荣投入到决胜全面小康社会、决战脱贫攻坚的第一线。在脱贫攻坚战取得全面胜利之后，2021年6月，我又继续接受组织任命，作为第八批选派干部，担任临泉县宋集镇赵围孜村党支部第一书记和驻村工作队队长，继续做好巩固拓展脱贫攻坚成果同乡村振兴的有效衔接，全面推进乡村振兴新的奋斗历程。

　　作为安徽体育运动职业技术学院的一名体育基础理论专业教师，体育是我的专业和职业，更是我为之奋斗的事业。在选派驻村期间，我始终在思考体育和乡村振兴之间有着怎样的联系，并探索实践着体育服务乡村振兴的有效方法和全新的模式。

　　体育作为一个古已有之的人类社会文化活动，与政治、经济、科学、文化、教育、军事等密切相关，在历史长河中始终发挥着自身独特的价值和作用。特别是近代以来，中国体育肩负着为国为民、救国救民的初心与使命，通过"体育健体强种"实现"体育救国报国"成为了中国近代体育发展的根本出发点。1949年新中国成立之后，"发展体育运动，增强人民体质"成为了体育发展的总方针。20世纪80年代，中国首次提出了"体育强国"的目标。2008年北京奥运会的成功举办展示了中国强大的综合国力，圆满地回答了中国体育"奥运三问"，至此实现了体育大国的目标。党的十八大以来，党中央站在国家强盛、民族复兴的战略全局，对体育事业的发展进行了顶层设计和系统部署，进一步明确了加快建设体育强国的目标。2022年北京冬奥会的成功举办，让北京成为世界第一个举办过夏季奥运会和冬季奥运会的城市，这成为中国从体育大国向体育强国迈进的重要新篇章。

　　全面建成社会主义现代化强国，总的战略安排分为两步：第一步为到2035年基本实现社会主义现代化，第二步为到本世纪中叶建成富强、民主、文明、和谐、美丽的社会主义现代化强国。建设体育强国是基本实现社会主义现代化的总体目标之一,体育的重要意义不言而喻,我们应该深刻认识到体育强国的目标是全方位的体育强大,必然包括建设乡村体育。党的二十大明确指出要全面推进乡村振兴,这对于全面建设社会主义现代化国家,实现第二个百年奋斗目标具有全局性和历史性意义。没有农业、农村现代化,就没有整个国家的现代化。同样,乡村体育不强大,乡村振兴就无法完全实现。在乡村振兴建设大潮中,体育的自身价值和功能将为乡村建设和发展贡献出重要的中国体育力量。

在本书中,我尝试着对体育服务乡村振兴的理论框架和实践路径进行勾画。作为一名研究体育学的教师,我对体育的全貌尚在深入学习和探索之中,更不用说对于乡村振兴的理解与把握了,所以本书中还有很多不成熟之处,好像是一颗尚未成熟的果子,生涩难堪。但是一个成熟的果实孕育出来的过程,必然要有这样的经历。

纵观体育在历史发展各个阶段的表现,都体现出独特的价值。新时代以实现体育强国为目标,必然要彰显和发挥体育在建设中国式现代化新征程中的重要作用。本书只是抛砖引玉,书中的文字记录着我在驻村期间对于体育服务乡村振兴的思考与感悟、学习别人的经验给我的启发、体育服务乡村振兴有代表性的实例等,可供有志于此类研究的学者同仁参考借鉴。

在本书撰写的过程中,我深感自己才疏学浅。对体育服务乡村振兴的探索才刚刚起步,只有让更多的思想和意见汇聚到一起,才能产生真知灼见,进而更加全面深刻地把握体育服务乡村振兴的价值与有效的实践方法。希望大家包容本书的不足之处,欢迎大家批评和指正,这一切都会为我日后持续深入的研究提供宝贵的思想源泉和有益的启示。

最后,我要感谢安徽体育运动职业技术学院在我驻村期间给予我大力支持,让我能够更好地发挥体育与教育的特色,从理论与实践中,对体育服务乡村振兴展开探索;感谢赵围孜村"两委"同志们和全体村民给予我的信任与支持,和我一起朝着实现体育助力乡村振兴、健康幸福赵围孜村的发展目标努力前行;感谢中国科学技术大学附属第一医院(安徽省立医院)、安徽医科大学卫生管理学院、安徽省老年医学研究所、阜阳师范大学、临泉县文化旅游体育局、临泉县教育局、宋集镇人民政府给予我在学术研究方面的支持;感谢在本书撰写、审定、排版、校稿、出版过程中给予大力支持的专家学者和朋友们;感谢我的家人全力以赴的支持和理解,特别是我的女儿,在我刚刚驻村之时,她初入小学,到如今即将毕业,一直努力学习,天天向上,让我备感欣慰。所有这一切的支持都汇聚成了一股力量,让我扎根皖北大地,从打赢脱贫攻坚战到走在乡村振兴希望的田野上,实现着一名党员的初心使命和责任担当。

本书是安徽省教育厅高校科研重点项目"体育服务乡村振兴的理论与实践探索"(项目编号:2022AH053118)的研究成果,是安徽省教育厅高校省级质量工程项目"体育教育特色高水平专业"(项目编号:2021tszy027)和安徽体育运动职业技术学院承接职业教育提质培优行动计划——体育类专业高水平专业化产教融合实训基地项目的阶段性研究成果。本书出版是一个全新的起点,我将在体育服务乡村振兴的道路中深耕不辍,继续探索。

娄　旭

2023年2月于临泉县赵围孜村